Monica D. Widmer

ERSTELLEN EINER WEBSEITE

ERSTELLEN EINER WEBSEITE

In einfachen Schritten zur

eigenen Präsenz im Internet

Monica D. Widmer

Version: 1.0 Druck Dezember 2017

Der Inhalt wurde einer sorgfältigen Prüfung unterzogen.

Quellennachweise:
Verwendetes CMS: www.jimdo.com
Verwendetes Design: Rome
Bilder: www.pixabay.com
Bildbearbeitung: www.gimp.org

Im Text veröffentlichte Links auf Webseiten oder Dokumente, für
Inhalte von Webseiten, Ratschläge, Checklisten oder sonstige
Umsetzungs- oder Softwareempfehlungen übernimmt die Autorin
sowie der Herausgeber keinerlei Haftung. Die Umsetzung erfolgt in
Eigenverantwortung.

Print ISBN: 9783746012193

Inhaltsverzeichnis

Nutzen dieses Arbeitsbuches

- Einführung ins Thema ohne Vorkenntnisse
- Einfache Schritt-für-Schritt-Anleitung zur Erstellung einer eigenen Webseite
- Gesamtüberblick zu Internetprojekten
- Internetprojekte erfolgreich mitgestalten
- Anregungen für den weiteren Wissensaufbau

Monica D. Widmer ist als selbständige Dozentin und Kursleiterin in der Schweiz tätig. Anwendung in der Praxis und Fokus auf Optimierung der Prozesse sowie der Aufbau von Kundenbeziehungen bilden die Grundlage der Wissensvermittlung.

Führungskräfte, Projektmitarbeitende und Selbständige haben in den letzten fünf Jahren am Seminar „Webseite erstellen" teilgenommen und zur Erstellung dieses Buches beigetragen.

Vorwort

Es gibt Hunderte von Tools und Tausende von Meinungen, was es für eine erfolgreiche Internetpräsenz braucht. Ich lade Sie ein, sich Ihre eigene Meinung zu Ihrem persönlichen Auftritt zu bilden. Es gibt nie nur «**EINE**» richtige Lösung. Wie etwas realisiert wird, ist so individuell wie Ihre Anforderungen. Jedes Unternehmen hat einmal mit einer einfachen und überschaubaren Präsenz im Internet begonnen. So steht es auch Ihrem Projekt offen, zu wachsen.

Oft wird der Aufwand für die Erstellung einer Webseite unterschätzt. Nur weil wir uns in 2 bis 3 Minuten bei einem Anbieter für ein Webseiten-Erstellungstool oder einen Baukasten angemeldet haben, heisst das nicht, dass es danach genauso schnell geht. Damit Sie aber wissen, worauf es ankommt und von Anfang an die Weichen richtigstellen können, dient dieser Überblick von A bis Z.

Eine professionelle Webseite wird meist mit einer für viel Geld erstellten Agentur-Lösung gleichgesetzt. Ob Sie klein anfangen und selbst die Webseite gestalten, wichtig ist ein professioneller Inhalt – jetzt haben Sie die Möglichkeit dazu.

1 EINFÜHRUNG

Was braucht es für die erfolgreiche Präsenz im Internet? Die Flut von Anbietern, Webseiten, Online Shops, Agenturen, SEO-Spezialisten, neuen Technologien und Fragen zum Datenschutz hinterlässt auch bei technologisch versierten Personen oft einen irritierenden Eindruck. Mit dem Überblick von A bis Z erhalten Sie Infos und Anhaltspunkte, mit denen Sie später einzelne Bereiche selbst vertiefen können.

QUELLE: HTTPS://GOOGLE.CH

Ziel aller Werbetreibenden im Internet ist eine Positionierung auf der ersten Seite der Google Suchergebnisse. Nicht bei der Suchmaschine gefunden zu werden, verunmöglicht beinahe schon, neue Besucher auf die Webseite zu locken.

Was braucht es, damit:

1. Google Sie findet?
2. Besucher Ihr Angebot lesen?
3. Besucher eine gewünschte Aktion ausführen

Entscheidende 2 Sekunden

Wie lange bleiben Sie auf einer Webseite um zu sehen, ob es Ihrer Suche entspricht? 2 Sekunden – das ist in etwa die Zeit, in welcher Sie den «zufällig» auf Ihrer Seite gelandeten Besucher von Ihrem Angebot überzeugen können. Dann liest die Person weiter **ODER** ist mit **EINEM** Klick weg und kommt nicht wieder. Den Besucher/die Besucherin in dieser kurzen Zeit neugierig auf den weiteren Inhalt zu machen, ist wahrscheinlich das mitunter schwierigste am Betreiben einer Webseite.

Schritt für Schritt schauen wir an, wie Sie eine Webseite aufbauen und sich dann auf den Inhalt konzentrieren können. Denn genau dieser ist es, der darüber entscheidet, ob die Besucher Ihre Seite lesen und im optimalen Fall die von Ihnen gewünschte Aktion zeigen. Es gibt Tools zur Webseiten-Erstellung, mit welchen Sie ohne jedes technisches Know-how eine Webseite erstellen können. Praxiserfahrung ist ein sehr effizienter Weg, die Zusammenhänge zu erkennen und sich Wissen anzueignen. Anhand eines kostenlosen Webseiten-Tools zeige ich Ihnen, wie eine Homepage entstehen kann.

Begriffe zum Internetauftritt

Website: sämtliche hinter einer Internetadresse stehenden Seiten
Homepage: Informationen im Internet zu einer Person oder Angebot (auch die Startseite einer Website)
Webseite: Bestandteil einer Website, einzelne Seiten. Webseite wird auch als die deutschsprachige Version des englischen Wortes Website verwendet.

Elemente einer Webseite

Webseite, Homepage, Website, Webpage, Internetseite meinen das Gleiche – eine Präsenz im Internet. Sie wird via Browser auf dem Computer (Firefox, Google Chrome usw.), Smartphone oder Tablet und der Eingabe einer Internetadresse genannt URL (Uniform Resource Locator), sprich einem Domainnamen aufgerufen.

Kopfbereich

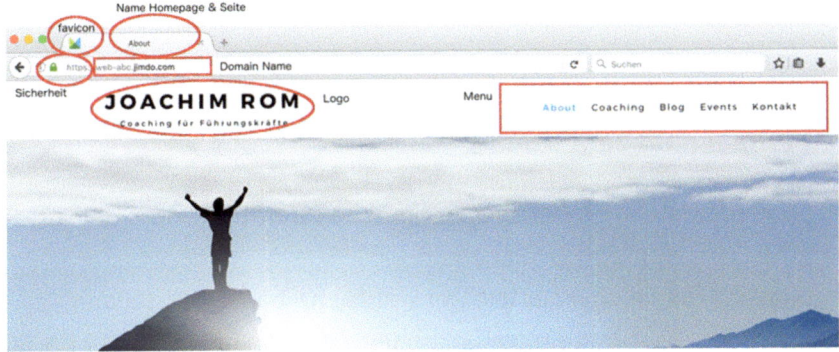

QUELLE: HTTPS://WEB-ABC.JIMDO.COM/ VORLAGE CMS TOOL: WWW.JIMDO.COM

Elemente Kopfbereich:

- kleine Grafik „favicon", Name der Seite und der Webseite
- Schlosssymbol und https://Kennzeichnen einer sicheren Seite
- Logo, Bannerbild: Position je nach Template
- Menü, hier im Beispiel horizontal (für den Aufruf der Seiten)
- Auch andere Varianten sind möglich, einer der Unterschiede der diversen Design-Vorlagen

Inhaltsbereich

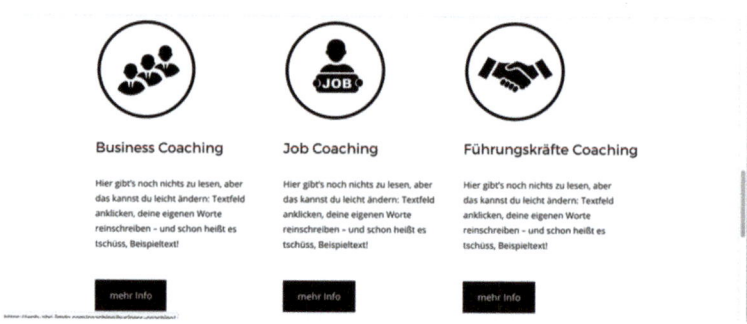

Elemente Inhaltsbereich:

- Spaltendarstellung, um auch auf mobilen Geräten eine gute Darstellung zu erreichen
- Grafiken/Bilder zu einer leichter wahrnehmbaren Darstellung
- Überschriften für die zu verlinkenden Bereiche
- Text als Beschreibung
- Button mit Verlinkung zu Unterseiten
- Weitere Möglichkeiten, je nach CMS Tool

Fussbereich

Der Inhalt wird unterhalb jeder einzelnen Seite angezeigt.

Im Fussbereich finden sich meist Impressum (wer sind Sie?), Information zum Datenschutz, zur Kontaktadresse sowie bei Jimdo die Anmeldung, um in den Bearbeitungsmodus zu gelangen.

Im kostenlosen Beispiel erscheint der Text: Diese Webseite wurde mit Jimdo erstellt! Dieser kann bei der bei der gekauften Version gelöscht werden.

2 ÜBERBLICK VON A bis Z

Das Internet ist voll von diversen Angeboten zur einfachen Homepage-Erstellung. Schnell ist ein Konto eröffnet und die erste Webseite nimmt Gestalt an. Leider sehen wir oft, dass wenn die Vorbereitungen nicht gemacht werden, die Webseite keine Beachtung findet – weder von Besuchern, noch von den Suchmaschinen.

Eine gute Planung ist die Voraussetzung für eine effiziente und erfolgreiche Umsetzung. Vor und nach Erstellung der «Webseite» gibt es Arbeitsschritte, die meistens vergessen werden. Dies führt dazu, dass die Internetpräsenz die Erwartungen nicht erfüllt.

Wir erstellen hier eine Webseite mit folgenden Merkmalen:

- Eine Navigation/Menü
- Eine Sprache
- Beliebig viele Seiten
- Standard-Template (die grafische Darstellung)
- Einbinden von Bildern, Video und anderen Elementen
- Verlinken mit Social Media
- Basis-Optimierung für Suchmaschinen

Natürlich können Sie danach auch komplexere Webseiten-Projekte planen und umsetzen. Die hier vermittelten Grundkenntnisse helfen auch dort weiter. Zuerst ein kurzer Überblick zum Thema Webseiten.

Wir können die Erstellung einer Webseite in die folgenden vier Bereiche unterteilen:

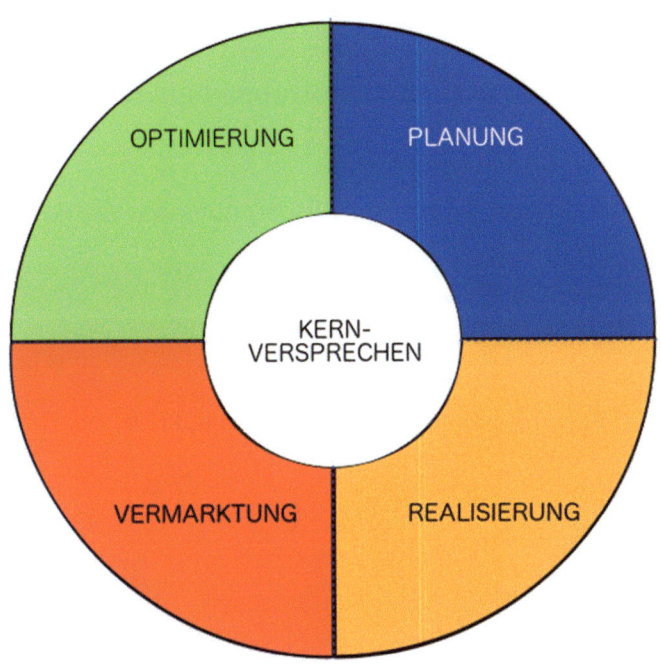

Eine Webseite braucht gute PLANUNG, ein gezieltes Vorgehen bei der REALISIERUNG, eine strategische VERMARKTUNG und laufende OPTIMIERUNG, um im Konkurrenzkampf in Bezug auf die Sichtbarkeit bei Besuchern und guter Indexierung bei Suchmaschinen mitzuhalten.

Beim Budget sollten alle Bereiche beachtet werden. Leider treffen wir in der Praxis immer wieder auf Unternehmer, welche unter dem «Projekt Webseite» nur die rein technische Umsetzung als Kosten wahrnehmen.

Das Budget sollte unter anderem folgende Punkte beinhalten

- Kosten Workshop zur Zieldefinition
- Interne und externe Kosten zur Aufbereitung der Daten (Texte, Bilder, Grafiken, Videos ...)
- Evaluation Technologie oder Agentur
- Hosting, Miete CMS, Domainname
- Zeit für Erstellung oder Projektmitarbeit
- Kosten Vermarktung, z. B. in sozialen Medien, Print
- Unterhalt, Support, Optimierung
- ....

Wie hoch das Budget der einzelnen Bereiche schlussendlich sein sollte, liegt individuell bei Ihnen. Als Beispiel eine Idee der folgenden Grössenordnung:

- 40% Planung (einmalig)
- 20% Realisierung (einmalig)
- 30% digitale Vermarktung (wiederkehrend)
- 10% Optimierung und Unterhalt (wiederkehrend)

Das Budget hängt ganz von Ihnen, dem Markt und den Anforderungen ab. Wenn Sie sagen: «Ich habe kein Budget, darum erstelle ich die Webseite selbst!», dann bedenken Sie, dass auch Ihre Zeit wertvoll ist. Wichtig ist, sich bewusst zu sein, dass nicht nur das Erstellen der Webseite Geld und Zeit kostet. Auch genügend Besucher auf Ihre Webseite zu bekommen, erfordert es eine entsprechende Geld- und Zeitaufwendung.

Ihr Budget

Die digitale Vermarktung sollte 30% des Werbebudgets ausmachen.

Ziel der Internetpräsenz

Welches Ziel wollen Sie mit Ihrer Webseite erreichen? Diese ist die allerwichtigste Frage. Ohne konkrete Vorstellung kann sicher eine Webseite erstellt werden, jedoch spätestens bei der Optimierung und Vermarktung ist auch das messbare Ziel zu nennen. Verbinden Sie die Stärken Ihres Unternehmens mit den Möglichkeiten des digitalen Fortschritts.

Das Kernversprechen

Sie kennen Ihr Ziel der Präsenz. Die Besucher interessiert primär ihr eigener Nutzen. Mit welchem Inhalt holen Sie Ihre Zielgruppe ab und was bekommt diese, wenn sie sich die Zeit nimmt, Ihre Webseite anzuschauen? Genau hier setzen die vorher erwähnten zwei Sekunden an.

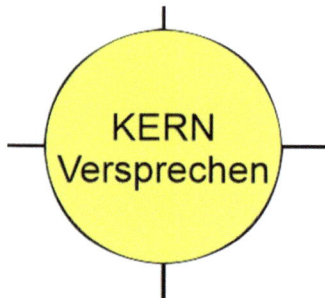

- Je fokussierter der Auftritt, desto einfacher ist die entsprechende Vermarktung.
- Zielgruppe: Wen sprechen Sie genau an? Alle? Stellen Sie sich konkrete Personen vor, so ist es einfacher.

Gedanken zur Planung Übersicht

Immer wieder erleben wir in unseren Beratungen und Seminaren, dass Personen, die sich wirklich Zeit zur Planung nehmen, schlussendlich schneller und zufriedener mit dem Resultat sind. Es ist auch eine gute Gelegenheit, das Team zu integrieren, damit alle ihr Fachwissen einbringen können.

PLANUNG

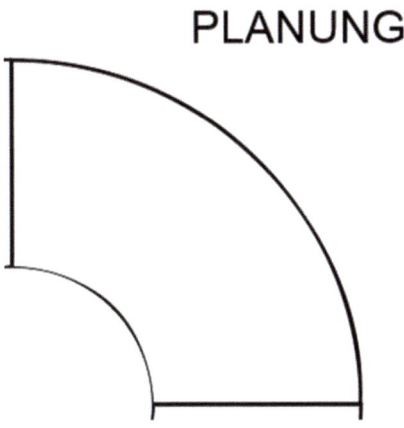

- Inhalt, ein so genannter „Content" in Form von Text, Bild, Video, Grafiken, Dokumenten, Links usw. Dies stellt oft die grösste Herausforderung dar und kommt meist erst dann zum Vorschein, wenn Webseiten mit Inhalt gefüllt werden sollen. Vorbereitung ist auch hier wertvoll.
- Funktionalität: Was braucht es technisch, um den Inhalt optimal darzustellen. Welche Interaktionen müssen gewährleistet werden, z. B. Sprachwahl, Anmeldeformular, Sicherheit, Login usw.

Gedanken zur Realisierung

Wie oft hören wir vom Unternehmer: Wir wollen eine Wordpress-Webseite! Die Technologie ist grundsätzlich zweitrangig. Es gibt wichtigere Faktoren, auf welche wir später eingehen werden.

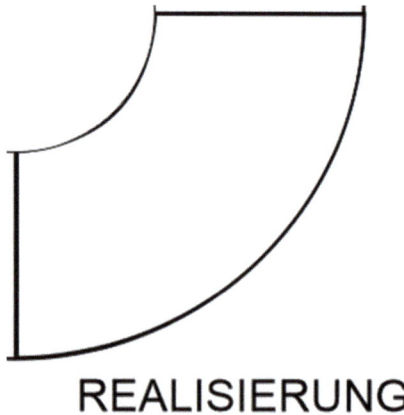

REALISIERUNG

- Von der Idee zum Ziel, Stufenplan: Welche Inhalte und Funktionalitäten haben Priorität. Kann alles gleichzeitig realisiert werden?
- Realisierung der Webseite mit einem CMS Tool: Die geeignete Technologie für Ihr Webseitenprojekt hängt von Ihren Anforderungen ab und wer es schlussendlich technisch umsetzt. Hier wird oftmals zu viel Gewicht auf eine Technologie gelegt anstatt auf die Eignung für Ihr Projekt zu achten.

Ohne Besucher auf der Webseite bringt die schönste Darstellung nichts. Ressourcen in Form von Zeit und Geld werden hier immer investiert werden müssen.

VERMARKTUNG

- Klassische Werbung (Visitenkarten, Print, Flyer usw.)
- Soziale Netzwerke (XING, LinkedIn, Facebook, Twitter, YouTube, Google My Business usw.)
- Blog, Newsletter, E-Mail-Marketing, digitales Marketing

Wie machen Sie auf Ihre Webseite aufmerksam? Im Business-to-Business-Bereich (B2B) mag dies anders sein, als wenn Sie Business-to-Customer-Endkonsumenten (B2C) direkt ansprechen. Schlussendlich hat die Aufgabenstellung die Menschen zu erreichen, für welche Sie die Webseite erstellt haben. Denn ohne diese nützt Ihnen auch die schönste Webseite gar nichts.

Gedanken zur Optimierung

Die einzige Konstante ist die Veränderung. Auch wenn grosse Teile der Internetpräsenz gleichbleiben, der Inhalt wird immer ergänzt und auf die Kundeninteressen angepasst.

OPTIMIERUNG

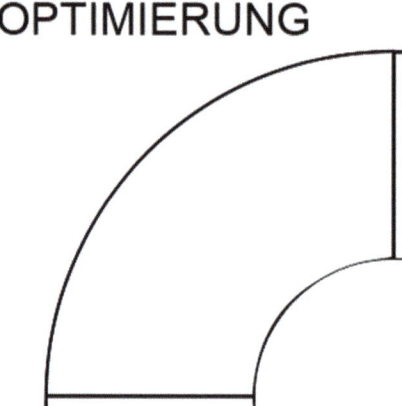

- Analyse, Beobachtung, Trends (z. B. mit Google Analytics, Google Search Console früher Webmastertools genannt usw.)
- Suchmaschinen Optimierung (SEO) mit Keyword/Schlüsselwörter Optimierung, im Text und auf der Seite
- Analyse betreffend Redesign*, Erweiterung, Optimierung durch neue Funktionalität

Regelmässig muss der Inhalt der Startseite und der wichtigen Unterseiten mit neuen Inhalten, den aktuellen Trends und Infos angepasst werden.

*Redesign = Neuer Auftritt und Technologie für Ihre Website.

Die «professionelle Website»

In Kursen zur Webseiten-Erstellung frage ich das Plenum, was es genau unter einer «professionellen Website» versteht.

Hier eine Zusammenfassung der meistgenannten Antworten

Zusammenfassung

Es gibt mehr zu tun als man im ersten Moment annimmt. Eigene Daten und Informationen müssen nachgeführt, Bilder ausgetauscht und neue Produkte eingefügt, Altes gelöscht oder in ein Archiv verschoben werden.

Schritte der Vermarktung und Optimierung werden während der gesamten Laufzeit einer Webseite wiederholt. Es ist ein Prozess, der definiert werden muss. Hier finden dann auch die Zieldefinitionen statt. Diese werden KPI (Key Performance Index) genannt: z. B. wir haben 100 Besucher täglich – neues Ziel ist ein KPI von 200 Besuchern. Es handelt sich um messbare und aus den Analysetools ersichtliche Zahlen. Weitere Messgrössen können Verweildauer, besuchte Seiten, Eintragung in den Newsletter usw. sein.

Das Redesign einer Webseite erfolgt aufgrund der technischen Fortschritte nicht erst nach etlichen Jahren, sondern kann je nachdem bereits nach 2 bis 3 Jahren fällig werden. Damit eine Webseite die Chance einer guten Positionierung hat, ist die stete Anpassung an die Richtlinien von Google notwendig. Erfolgreiche Webseiten werden laufend unterhalten und mit neuen Inhalten gefüllt.

3 LOS GEHTS!

Die Idee für die Webseite haben Sie ja bereits – oder wenn nicht, suchen Sie sich ein Thema, welches Sie interessiert. Für die weiteren Kapitel hilft es, wenn Sie sich, auch wenn es nur für Lernzwecke ist, etwas Konkretes aussuchen. An diesem Beispiel können Sie das Beschriebene ausprobieren und mit Ihren eigenen Gedanken dazu ergänzen.

Das Webseitenthema

Da es kaum anzunehmen ist, dass Sie die erste Person mit diesem Thema sind, suchen Sie im Internet nach ähnlichen Seiten. Was gefällt Ihnen daran besonders, was weniger, welche Ideen können Sie in die eigene Seite integrieren?

Ähnliche Webseiten mit dem gleichen Thema

URL	Bemerkung

Wenn Sie bei der Recherche im Internet surfen, notieren Sie Webseiten, welche Sie vom Aussehen her ansprechen. Sei es Farbe, Darstellung, Bedienung usw.

Webseiten mit ansprechendem Design

URL	Bemerkung

Welche Zusatzfunktionen finden Sie auf anderen Webseiten, die Sie auch gerne in ähnlicher Art integrieren würden?

Webseiten mit Funktionen

URL	Bemerkung

4 DAS KERNVERSPRECHEN

Die meisten Menschen brauchen einen klaren Grund, um zu handeln. Aus dem Verkauf wissen wir, dass ein klarer Bedarf vorhanden sein muss, um uns aus unserer Komfortzone heraus zu bewegen.

- Mein altes Auto wird die Motorfahrzeugkontrolle nicht mehr überstehen, also muss ich mich für einen Ersatz umschauen.
- Wir verreisen für sechs Wochen ins Ausland und brauchen jemanden, der sich zuverlässig um Haus, Katze und Garten kümmert.
- Die Steuererklärung sollte dringend ausgefüllt werden und ich brauche einen Experten der mir dabei hilft.

Sicher fallen Ihnen weitere Beispiele dazu ein. Es geht darum, ein Problem zu lösen – und genau hier ist der Haken bei den meisten Webseiten: Sie sind zu allgemein gehalten und preisen irgendwelche Produkte oder Dienstleistungen an. Die Besucher der Webseite müssen selbst herausfinden, ob das Angebot passt, sofern sie es denn auch finden. Die Webseite wird meist aus Sicht des Unternehmens erstellt und nicht aus Sicht des Kunden.

Testen Sie es selbst: Besuchen Sie diverse Webseiten und schauen Sie, wie lange Sie brauchen, um herauszufinden, was **KONKRET** angeboten wird. Wer von Ihnen würde nicht zuerst einen Freund fragen, ob er eine Empfehlung hat?

Kerngeschäft

Je fokussierter Sie die Webseite ausrichten, desto klarer erkennen die Besucher, was Sie genau anbieten. Besucher wollen schnell wissen, ob Ihre Seite das ist, was sie suchen. Zudem, welchen Inhalt bieten Sie bestehenden Kunden und wiederkehrenden Besuchern? Die Webseite muss nicht zwingend 1:1 Ihr gesamtes Sortiment oder alle Dienstleistungen abbilden, sondern das, was in der digitalen Darstellung Sinn macht.

Problem KMU: Termin für Steuererklärung
Geschäftsbereich: Treuhand Dienstleistung
Versprechen: Wir sind Experten für Steueroptimierung KMU

Geschäftsbereich	Versprechen an den Kunden

Bei einer Agentur spricht man hier von „Persona". Die Beschreibung einer Person, die genau so ist, wie Sie sich den optimalen Kunden vorstellen. Je klarer Sie das Bild haben, desto einfacher wird es, Texte und Bilder auf ihn oder sie auszurichten. Diese scheinbare Einschränkung zahlt sich später bei der Vermarktung Ihrer Seite wieder aus. Sicher kennen Sie Personen oder wenn Ihnen niemand in den Sinn kommt, beschreiben Sie sich persönlich. Beispiel: Geschlecht, Alter, Sprachen, Ausbildung, Hobby, Interessen, Vorlieben, Ausbildung usw. (Achtung: «**ALLE** Personen» hilft Ihnen nicht!). Es sind weniger demografische Merkmale, sondern die Person als Mensch mit dem Mix aus Interessen, Lebensstil und Problemen.

Welche Personen sprechen Sie an?

Persona	Beschreibung
Typ 1	
Typ 2	
Typ 3	

Die wenigsten Unternehmen sind auf dem Internet präsent, weil es so «cool» ist. Der Zweck ist klar – bekannter werden, Neukunden gewinnen, bestehende Kunden behalten, konkurrenzfähig bleiben usw. Wie können Sie Ihr Angebot mit den technischen Möglichkeiten des Internets kombinieren? Vielleicht eröffnen sich ganz neue Möglichkeiten, die bisher technisch gar nicht umsetzbar gewesen wären. Schauen Sie sich im Internet um, auch in anderen Branchen, sprechen Sie mit bestehenden Kunden, was diese als digitale Bereicherung erachten würden.

Ideen zum Ausbau der Funktionalität

Zusammenfassung

Damit die Besucher Ihrer Webseite auch eine Handlung vornehmen, brauchen sie einen konkreten Grund. Das heisst, welchen für sie relevanten Nutzen erkennt die Person und bewegt diese, eine Handlung auszuüben. Das kann sein: Kontaktformular ausfüllen, E-Mail schreiben, telefonieren usw. In der Fachsprache heisst das «Konversion»: Sie bieten etwas an und der Besucher wird aktiv, um es zu bekommen.

Welcher Nutzen hat der Besucher von Ihrem Angebot? Beispiel: Sie bieten einen Testbericht an und der Besucher bekommt ihn, wenn er seine E-Mail-Adresse angibt. Sein Nutzen: Er bekommt wertvolle Informationen, die ihm helfen, sich zeitsparend eine Meinung zu bilden.

Angebot, Nutzen und Zielgruppe (Persona)

	Persona 1	Persona 2	Persona 3
Angebot 1	Nutzen	Nutzen	Nutzen
Angebot 2	Nutzen	Nutzen	Nutzen
Angebot 3	Nutzen	Nutzen	Nutzen

Mit all diesen Informationen werden die nächsten Schritte einfacher. Es geht jetzt darum, die passenden Inhalte für die Webseite aufzubereiten.

5 PLANUNG

Je detaillierter die Planung erfolgte und die benötigten Informationen zusammengestellt wurden, desto einfacher wird danach die Umsetzung. Und zwar unabhängig davon, ob Sie Ihre Webseite selbst erstellen oder durch jemand anderen realisieren lassen. Die Inhalte stammen primär von Ihnen. Damit diese dann auch in das Gesamtkonzept der Webseite passen, werden gewisse Anpassungen notwendig werden. Das ist jedoch erst ein Thema bei der Realisierung.

Ohne Texte, Bilder, Videos, usw. vorgängig gesammelt zu haben, zu wissen, was generell online gestellt wird, ist die Webseiten-Erstellung zwar möglich, aber nicht optimal und benötigt tendenziell mehr Zeit.

Besucher-Ansprache

Aufgrund der Definition der Zielgruppe und Personen, die als optimale zukünftige Kunden Angebote auf Ihrer Webseite aufrufen, wissen Sie, wie diese bestmöglich angesprochen werden.

Ansprache-Möglichkeiten

Sie- oder Du-Form
Formell – locker
Wortschatz: allgemein oder Fachausdrücke
Monolog – Dialog orientiert
Bilder mit Motiven (Berg, Menschen usw.)

Zu welchem Zweck erstellen Sie die Webseite?

Das ist die zentralste Frage. Wir sollten daran denken, die Informationen so aufzubereiten, dass die Besucher davon überzeugt werden, am exakt richtigen Ort zu sein. Eine Webseite ist immer Träger einer Information:

- Vorstellen Firma/Verein/Person
- Produktinformation
- Dienstleistung
- Event/Anlass
- Verkauf/Information
- Kontaktaufnahme

Zweck der Webseite

Content/attraktiver Inhalt

Der Inhalt einer Webseite, «neudeutsch» auch oft «Content» genannt, ist der Grund, warum jemand eine bestimmte Webseite besucht. Somit ist die zentrale Frage: Welcher Inhalt interessiert die Zielgruppe? Diese Frage gilt auch für alles, was auf der Webseite dargestellt wird, z. B. auch Verweise auf andere Webseiten (Links). Alle Texte, Videos, Bilder, Audio, Links, News, Eventbenachrichtigungen usw. sollten regelmässig auf Aktualität überprüft werden.

Welche Inhalte bringen dem Besucher einen Mehrwert? Welche Informationen motivieren zum wiederholten Besuch oder sogar, dass der Besucher seine E-Mail-Adresse angibt, um weitere Informationen und News zu erhalten?

Inhaltsverzeichnis zu Informationen

Legen Sie ein Verzeichnis an, eventuell auch ein Textdokument oder eine Tabelle, in denen Sie Links kopieren und Informationen sammeln. So erhalten Sie den Überblick mit den wichtigsten Infos.

Kategorie	Inhalt	Datei

Inhalt aus Datenbanken (nicht möglich in unserem Beispiel)
Bestehende Daten aus vorhandenen Applikationen können in eine Webseite eingebunden werden (nicht in unserem Beispiel). Da hier nebst der Technologie auch die Sicherheit ein wichtiger Punkt ist, ziehen Sie dazu eine Fachperson hinzu.

Funktionalität (nur bedingt in unserem Beispiel)
Soll die Webseite dem Besucher eine bestimmte Antwort geben, die in Zusammenhang mit Produkten oder Dienstleistungen stehen, können dazu auch Funktionen eingebaut werden: Berechnungen, Datenauflistungen, Suchergebnisse usw. Die Beschreibung der Funktion und der Berechnung erfassen Sie ebenfalls. Woher kommen die Parameter für Berechnungen, wie werden Resultate angezeigt?

Sprachen (unser Beispiel eignet sich hier nur bedingt)
In welchen Sprachen wird die Webseite für Besucher aufgeschaltet werden? Sind alle Inhalte identisch oder haben Sie für bestimmte Sprachregionen andere Inhalte?

Woher stammen die Übersetzungen, wer korrigiert und prüft die Dokumente? Eben auch jene Texte, die danach auf der Webseite eingefügt werden?

Dateiverzeichnis für weitere Sprachen

Datei Original	Datei Übersetzung

Sammeln Sie aus eigenen Quellen mögliche Dateien für die Webseite. Bei Inhalten aus dem Internet ist die Einhaltung der Eigentumsrechte wichtig. Klären Sie diese vorgängig ab, um sich Ärger zu ersparen.

Dateiverzeichnis für Bilder und Medien

Datei	Inhalt	Typ (jpg, mp3 usw.)

Barrierefreiheit

Denken Sie auch an Personen mit Beeinträchtigungen, damit diese Ihre Webseite verstehen können. Was es dazu braucht, erfahren Sie bei Organisationen. Im Anhang finden Sie Links dazu.

Corporate Design/Corporate Identity

Eine Webseite ist keine 1:1-Kopie des Firmenkatalogs. Sicher soll der Wiedererkennungsfaktor gegeben sein (Logo, ev. Farben), doch primär ist sie aus dem Blickwinkel des Kunden zu gestalten. Hier gehen oft die Meinungen der Geschäftsleitung und der Webdesigner auseinander. Eine Agentur hat hier die Erfahrung, was bei Kunden ankommt und was weniger.

Leider wird hier zu wenig auf jene Personen gehört, die sich mit Bedienbarkeit, Designtrends, Farbabstimmungen, Darstellung und Funktionalität tagtäglich befassen. Bei einfachen Tools zur Webseiten-Erstellung gibt es vorgefertigte Designs mit mehr oder weniger Möglichkeiten der Gestaltung. Entweder man lebt damit für den Start einer neuen Webseite (kostengünstig), sammelt Erfahrungen wie das Ganze bei den Kunden ankommt oder man beauftragt eine Agentur, die optimale individuelle Präsenz zu designen und zu programmieren.

Checkliste für gesammelte Daten

Die bis hierhin gesammelten Daten und Informationen dienen bei der Realisierung als Basis. Sie werden zum Inhalt der Webseite. Ebenso werden sie ergänzt und strukturiert, damit bei bestehenden Kunden und Neukunden ein Interesse an Ihrem Unternehmen geweckt wird. Je umfangreicher Sie sich vor dem Start einen Pool an Informationen wie Texte, Bilder, Links usw. anlegen, desto einfacher wird Ihnen die Erstellung der Webseite fallen. Eine Liste mit Links zu Bildern und Icons, Videos usw. finden Sie im Anhang wie auch Angaben zur optimalen Dateigrösse.

Weitere Inhalte für die Webseite

Art der Information	Speicherort
Bilder Banner/Hintergrund	/Web/Bilder/Banner
Bilder für Produkte	/Web/Bilder/Angebot
Grafiken	
Texte	
Studien	
Whitepaper	
Statistiken	
Zu verlinkende Seiten	
Personen im Web	
Social Media Links	
Events	
Organisationen	

Sicherheit

Dies ist ein umfassendes Thema, mit welchem Sie sich dringend befassen müssen. Es sind nicht nur die Kundendaten, Adressen, E-Mail- und Kreditkartendaten. Je mehr Sie abfragen, desto mehr Sicherheit braucht es. Prüfen Sie auch, wo die Daten gespeichert werden. Die Schweiz und Europa verfügen über gute Datenschutzgesetze. Wenn Sie kostenlose Angebote für Newsletter Tools und Webseiten-CMS nutzen, lesen Sie auch das Kleingedruckte.

Fazit

Im Internet ist nichts gratis! Sie geben Ihre Kontaktdaten (E-Mail-Adresse) und wenden Ihre wertvolle Zeit auf (abhören von Werbe-Videos, die irgendwelche Versprechen machen). Im Internet sind absolute Marketingprofis am Werk, vergessen Sie dies nie. Werbung wird Sie in Zukunft ohnehin überall «verfolgen». Warum? Weil wir bedenkenlos unsere Daten unbewusst übermitteln.

Darum eine Bitte: Wenn Sie das nächste Mal sofort das unwiderstehliche Angebot anklicken wollen – **VOR** dem Klick (nicht nachher) nochmals genau lesen und überlegen, ob Sie es wirklich wollen!

---

6 REALISIERUNG

Voraussetzung
Wurde Zeit für die Planung und Inhaltszusammenstellung investiert, wissen Sie jetzt schon konkreter, welche Themen auf Ihrer Webseite einen Platz finden sollen.

Die nachfolgende Grafik zeichnet die Abhängigkeiten auf. Es gibt zwei Extreme, dazwischen ist viel Raum für Varianten.

Entweder es wird eine perfekte Webseite, welche hohe Kosten verursacht und enorm viel Zeit braucht, bis sie aufgeschaltet wird oder es wird spontan und kreativ die erstbeste Idee in ein Tool eingepflegt, ohne sich Gedanken um die Zukunft zu machen.

Eine Webseite ist stetigem Wandel unterworfen. Neue Tools und deren Möglichkeiten, andere Darstellungsformen, neue Anzeigegeräte, die Gewohnheiten der Internet-Benutzer ändern sich und vieles mehr. Schon einen Tag oder eine Woche nach der Aufschaltung kann es sein, dass Inhalte angepasst werden müssen. Starten Sie mit dem Wesentlichen und lassen Sie die Webseite langsam wachsen. Zusätzliche Seiten und Funktionen können gemäss Ihrem Zeitplan aufgesetzt werden, ohne dass die Besucher verwirrt werden. So können Sie diese immer den Anforderungen anpassen.

Die Zukunft gehört der Anzeige auf Smartphones. Webseiten müssen für diese Geräte optimiert werden.

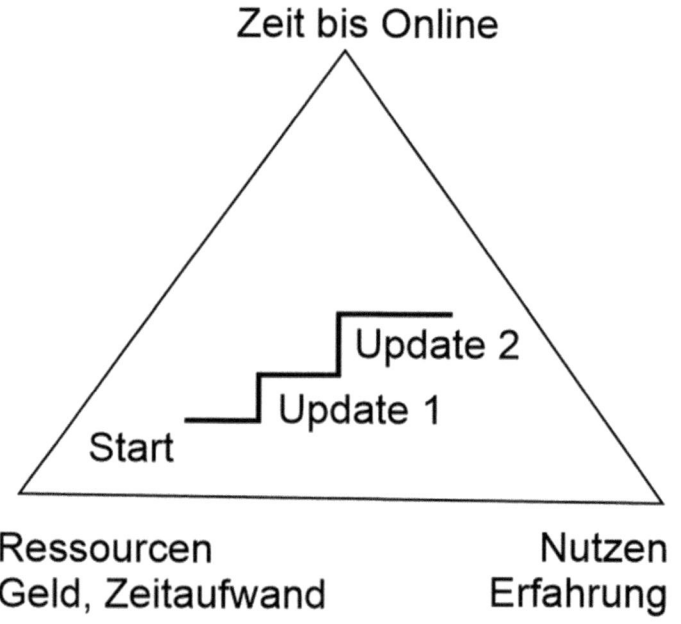

Zeit bis Online

Update 2

Update 1

Start

Ressourcen
Geld, Zeitaufwand

Nutzen
Erfahrung

Fazit

Wenn Sie in der glücklichen Lage sind, auf der «grünen Wiese» zu starten, ist weniger manchmal mehr.

Die Aufbereitung und der Unterhalt werden Zeit beanspruchen. Denken Sie auch an Ihre Besucher, betrachten Sie den Inhalt der Webseite aus Sicht jener Person, die zum ersten Mal auf Ihre Seite kommt, ebenfalls auch aus der Sicht Ihrer Kunden oder Geschäftspartner. Entscheiden Sie sich dann für den relevanten Inhalt. Ist die Webseite online, können Sie nach einiger Zeit nachvollziehen, welche Inhalte Anklang finden.

Sie wissen nicht, mit welchen Geräten Besucher auf Ihre Webseite zugreifen werden. Es kann ein Desktop Computer, ein Tablet oder immer häufiger, ein Smartphone sein.

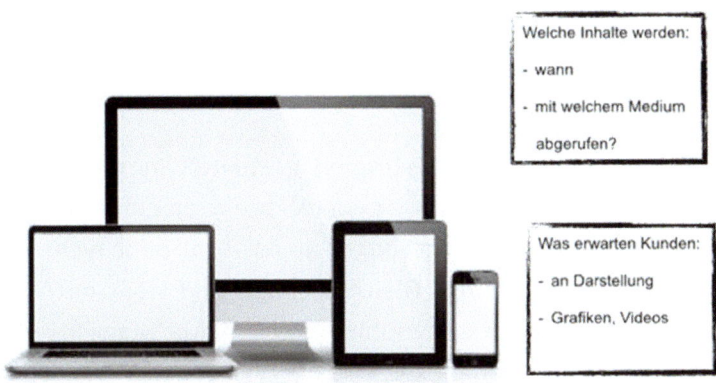

Welche Inhalte werden:
- wann
- mit welchem Medium
  abgerufen?

Was erwarten Kunden:
- an Darstellung
- Grafiken, Videos

Moderne Webseiten-Tools berücksichtigen dies, doch müssen auch Sie darauf achten, dass Sie ein so genanntes «responsive Design» wählen, welches eben genau das macht: Anpassung an die Bildschirmgrösse.

Ich will meine Webseite mit Wordpress erstellen!

Eine Aussage, welche ich in meinen Kursen regelmässig höre. Ob es nun Wordpress, Typo3 oder ein anderes Tool ist – wenn wir uns mit der Erstellung einer neuen Seite befassen, werden wir zwangsläufig hellhörig, wenn bereits erfahrene Webdesigner sprechen. Nur weil es eine Wordpress-Seite ist, heisst es noch lange nicht, dass sie «professionell» ist und Anfragen am Laufmeter produziert.

Der Begriff CMS (Content Management System)

Generell werden mit der heutigen Technologie Design und Inhalt (Content) getrennt. Das hat den Vorteil, dass wenn Inhalte ergänzt werden, keine Gefahr besteht, das ganze grafische Layout einer Webseite versehentlich zu zerstören. Webseiten, egal wer sie erstellt hat und mit welchem Tool, müssen heutzutage selbst verwaltet werden können –eben mit CMS.

Anforderungen an ein Webseiten Tool

Aufgrund der im ersten Teil zusammen gestellten Informationen, wissen Sie jetzt konkreter, was in die neue Webseite eingefügt werden soll. Daraus entstehen die Anforderungen an das Tool, denn nicht jede Technologie eignet sich für das Gleiche. Einige sind stark mit Text, andere mit Bildern oder mit Community usw. Je mehr Möglichkeiten diese Tools bieten, desto komplexer wird die Erlernung.

Hier die Frage an Sie: Wollen Sie mehr als eine Website erstellen? Dann kann sich der Einarbeitungsaufwand lohnen. Sind es komplexe Funktionen? Dann brauchen Sie eventuell die Unterstützung eines Profis. Doch zuerst verschaffen wir uns einen Überblick über die Möglichkeiten der Funktionalität einer Webseite.

«Kompakte» CMS-Systeme

- Einfacher Einstieg
- Ideal, um Webseiten-Technologie kennen zu lernen
- Keine technischen Vorkenntnisse notwendig
- Hosting und CMS in einem Paket
- Schneller Start
- Meist kostenloser Einstieg möglich

Stärken

- Einfach zu erlernen (die folgenden Beispiele werden mit einem solchen Tool gezeigt)
- Auch als Vorstudie für komplexere Projekte geeignet
- Die Bedienung gleicht einer Textverarbeitung mit für Webseiten angepassten Modulen (Titel, Text, Bild, Video, Links, Button, Formular usw.)

Schwächen

- CMS und Hoster sind ein Paket
- Umzug zu einem anderen Anbieter nicht möglich
- Vorgegebene Funktionen, nicht erweiterbar
- Keine Datenbank-Anbindung
- Nur ein Login für Anpassung von Inhalt und Design

Anwendung

- Geeignet für Kleinunternehmen, Selbstständige, welche mit der Webseite starten
- Einsprachige Webseite ohne Zusatzfunktionalität

«Komplexe» CMS-Systeme

- Diverse Anbieter mit Stärken in speziellen Gebieten (Blog, Chat, Bilder, Entwicklung im Team, SEO-Optimierungstools, Online Shop usw.)
- Erweiterungen der Grundfunktionalität möglich (z. B. mehrere Sprachen, Datenbanken, eigenes Design usw.)

Stärken

- Kann über mehrere Jahre eingesetzt werden, sofern die Updates dazu gemacht werden
- Anpassung an die Anforderungen mit fertigen Modulen oder individueller Programmierung
- Hosting und CMS getrennt = Webseiten-Umzug oder Kopieren möglich
- Meist kostenloser Einstieg möglich, Hoster geben z. B. 30 Tage Zeit für das Testen; CMS ist Open Source
- Inhalte updaten ist einfach und gleicht einer Textverarbeitung mit für Webseiten angepassten Modulen (Titel, Text, Bild, Video, Links, Button, Formular usw.)

Schwächen

- Einarbeitungszeit oder Kosten für Webentwickler
- Template, Module, Plugins teilweise kostenpflichtig, Initialaufwand höher um das System einzurichten (z. B. geeignetes Template und Module wählen)
- Technische Vorkenntnisse und Einarbeitung in das CMS notwendig, um es sicher betreiben zu können

Anwendung

- Geeignet für KMU mit Erfahrung und genauen Zielsetzungen
- Mit einem kleinen Budget realisierbar
- Mehrsprachige Webseite mit Zusatzfunktionalität

Beispiele für «Kompakte» CMS Systeme

Jimdo.com, wix.com, squarespace.com
Sitebuilder – im Angebot von diversen Hosting-Firmen

Der als Beispiel an Jimdo gezeigte Aufbau einer Webseite, kann mit all diesen Tools nachvollzogen werden. Die Elemente und Funktionalität ist ähnlich.

Beispiele für «Komplexe» CMS Systeme

LINK ZU AKTUALISIERTEN AUFLISTUNGEN IM ANHANG

Diese CMS-Systeme benötigen ein Hosting, welches von diversen Unternehmen angeboten wird. Das CMS selbst ist kostenlos und läuft unter der so genannten «GNU General Public Licence» (GPL), siehe www.gnu.org. Kostenpflichtig können Module, Plugins und Templates sein.

«Experten» CMS-Systeme

Agenturen, Webentwickler, Programmierer entwickeln den Kundenanforderungen angepasste Webseiten oder Online Shops. Der Funktionalität, dem Design, den Anbindungen und Auswertungen sind fast keine Grenzen gesetzt. Wenn Experten für Sie eine Website erstellen, dann hören Sie auf deren Rat betreffend Funktionalität und Darstellung.

Bei KMU-Lösungen werden oftmals bestehende CMS-Systeme verwendet und diese dann erweitert. Das Layout/Design wird dann ebenfalls den Anforderungen des Corporate Designs angepasst.

An dieser Stelle eine Anmerkung zu Internet-Projekten: Webseiten, Online Shops, Designs in Social Media- oder Business-Plattformen sind nicht gleich zu behandeln wie Printmedien.

Das Design, die Funktionalität und Bedienbarkeit richten sich nach den gängigen aktuellen Anforderungen der Internet-Nutzer. In Projekten werden immer wieder Vorgaben von Entscheidern gemacht, welche diesem Faktum keine Rechnung tragen. Hören Sie in diesem Fall auf den Rat der Experten, Ihr Internetauftritt kann davon nur profitieren!

Ausgangslage

In dieser Anleitung verwende ich ein wie vorgängig als «Kompaktes» CMS beschriebenes Produkt. In diesem Beispiel verwende ich Jimdo (ein deutsches Produkt). Viele andere Tools sind sehr gut. Kennen Sie ein CMS, finden Sie sich auch bei einem anderen Anbieter zurecht. Jimdo bietet deshalb:

- Kein Spam nach der Anmeldung
- Unterliegt dem deutschen Datenschutz-Gesetz
- Support funktioniert
- Kostenlose Nutzung möglich
- Erweiterung vorhanden
- Möglichkeit der Löschung der Webseite
- Viele Tipps und Infos verfügbar
- Schulungsvideos auf YouTube
- Seit über 10 Jahren auf dem Markt
- Sie müssen sich nicht um die Technik kümmern
- Software wird laufend weiterentwickelt

7 Wichtiges vor dem Start

Die E-Mail-Adresse => Mit dieser melden Sie sich an und erhalten Anfragen via Kontaktformular. Später brauchen Sie ebenfalls eine E-Mail-Adresse, um sich bei diversen Tools anzumelden.

Verwenden Sie eventuell eine neue Adresse für die Arbeit mit der Webseite.

Domainname (URL)

Meistens werden die Domainnamen zusammen mit dem Hosting registriert. Der Domainname (URL= Uniform Resource Locator ist der Bezeichnungsstandard für Netzwerkressourcen) und enthält den Zweck, die Firma oder das Produkt. Sie ist notwendig, um die Webseite im Internet zu finden. Obwohl heute technisch machbar, möglichst dabei auf Umlaute verzichten. Die Wahl der Top Level Domain (.de, .at, .ch, .com, .info, .org) richtet sich nach dem Land oder Zweck. Ebenso gibt es neue Domain-Endungen. Die Preise variieren und werden auf jährlicher Basis verrechnet. Damit diese URL optimal für Besucher und Suchmaschinen ist, sollte sie Folgendes enthalten:

- Den Namen, Produkt- oder Firmennamen
- Wiedererkennung durch Bezeichnung
- Maximal 1 Sonderzeichen oder 2 Zahlen
- Möglichst keine Umlaute
- Möglichst kurz

Halter Domainname (URL)

Ganz wichtig beim Domainnamen ist, dass **SIE** der Halter (Eigentümer) der Domain sind. Eine nachträgliche Namensänderung ist oftmals mit Schwierigkeiten verbunden. Der technische Kontakt ist meistens die Agentur, welche auch gewisse Zugriffsmöglichkeiten auf die Registrierung braucht. Dies finden Sie mit www.whois.net heraus.

Holder of domain name:	**Technical contact:**
ihrdomainname.ch Firma, Person Strasse Postleitzahl/Ort Land Contractual Language: German	Firma, Person Strasse Postleitzahl/Ort Land
WICHTIG: Nur der hier eingetragene bestimmt!	Viele Kompetenzen für Erstellung/Unterhalt

---

Checkliste

Separate E-Mail-Adresse erstellen für Webseitenverwaltung

Namensgebung für spätere Webseite prüfen

Die URL kann bei einem Hoster registriert werden

Für das Beispiel der kostenlosen Webseite brauchen Sie noch keinen eigenen Domainnamen.

8 Beispiel einer Webseite

Vorgehensplan Webseite erstellen

1)   Name für die Webseite => xy.jimdo.com
2)   Auswahl Template/Design
3)   Seiten erstellen mit Titel und Inhalt
4)   Bilder/Videos/Grafiken einfügen/Tabellen
5)   Menü-Erstellung Headerbereich, Titel, Hintergrundbild, Logo
6)   Weitere Module
7)   Kontaktformular
8)   Impressum/Datenschutz

Das Vorgehen ist bei anderen Anbietern ähnlich. Hier zeige ich Ihnen das prinzipielle Vorgehen in Kurzform. Auf YouTube oder beim Anbieter finden Sie Videos, welche die genauen Schritte im Detail beschreiben. Es gibt unzählige Hersteller, und je nach Einsatzgebiet haben sie besondere Stärken. Wählen Sie einen passenden Anbieter aus. Hinweise zu Links finden Sie im Anhang.

Bei den Screenshots handelt es sich um Beispiele – bei Ihnen wird es ähnlich ausschauen, aber nicht 1:1 gleich. Die Bilder sollen helfen, sich einfacher zurecht zu finden. Wenn Sie mit diesem Tool gearbeitet haben, finden Sie sich auch bei anderen Herstellern einfach zurecht.

Kostenlose Webseite mit Jimdo erstellen

Da es sich beim Beispiel um eine kostenlose Version handelt, wird der Namenszusatz des Anbieters angefügt, in diesem Beispiel: .jimdo.com. Kaufen Sie danach eine Vollversion, können Sie selbstverständlich Ihren Domainnamen (URL) ohne diesen Zusatz verwenden.

Zu beachten

- Den gewählten Namen mit dem «Zusatz.jimdo.com» können Sie danach bei der kostenlosen Version nicht mehr ändern
- Vergessen Sie Login und Passwort nicht
- Bei der Wahl des Designs achten Sie auf die Darstellung von Logo und Bannerbild, Position des Menüs und allgemeine Darstellung des Layouts
- Die weiteren Abfragen dienen dazu, Ihnen möglichst passende Designs vorzuschlagen. Zudem wird die Webseite mit Beispieldaten gefüllt, damit Sie sich einfacher zurechtfinden. Alle Bilder, Texte, Farben usw. können Sie danach selbst anpassen

Die Reihenfolge der Abfragen kann unterschiedlich sein.

Immer wieder wird Ihnen die Aufforderung gezeigt, auf die «Jimdo Pro»-Version zu wechseln. Warten Sie damit, hier geht es primär um das Kennenlernen des Tools, das Update können Sie später immer noch machen. Auf youtube.com finden Sie unter «Jimdo» diverse Videos zur Nutzung des Tools.

Schritt 1: Anmeldung

>> Im Browser* URL: www.jimdo.com

>> Design & «Webseite» auswählen

>> Neu Anmelden mit Ihrer E-Mail, danach den Link in der Bestätigungs-E-Mail klicken

>> Die E-Mail wird für das spätere Einloggen benötigt

>> Wählen Sie Jimdo Free (kostenlos)

>> Lesen Sie die AGB und Datenschutzerklärung

>> Wählen Sie einen Namen (Ihr-name.jimdo.com) (Reihenfolge kann abweichen)

---

* bewährte Browser: Firefox, Chrome

Ihre Login-Daten:

Name Webseite: _____ jimdo.com

Ihre verwendete E-Mail: _____

Ihr Passwort: _____

Die Design-/Layout-Auswahl wird in diverse Branchen und Anwendungen unterteilt, um es Ihnen zu erleichtern, etwas Passendes zu finden. Einmal gewählt, kommen Sie nicht mehr auf diese Auswahl zurück. Nehmen Sie sich Zeit und prüfen Sie die Anordnung der Elemente: Logo Position, Firmenname, Headerbild, Menü Position (oben, unterhalb des Headerbildes, als drei Striche oben links), vertikale Anordnung, zweite Menü Ebene erscheint an welcher Position, Breite des Inhaltsbereiches.

Schritt 2: Bearbeitungsbereich

>> Login für den Bearbeitungsbereich

>> Besucheransicht

>> Menü > Dashbord für Design und Optimierung

>> Verändern Inhalte

    (Link zu den Bildern finden Sie auf www.monicawidmer.ch)

Login für den Bearbeitungsbereich (Administrationsbereich)

Nach der Anmeldung sehen Sie eine Darstellung, die ähnlich dem obigen Bild ist, natürlich mit dem von Ihnen gewählten Design.

Fahren Sie mit der Maus/dem Cursor über Elemente, erhalten diese einen Rahmen und lassen sich bearbeiten. Unten rechts finden Sie beim Aufruf Ihrer Webseite mit ihr-name.jimdo.com, die Login-Anmeldung für diesen Bearbeitungsbereich. Hier verändern Sie Inhalt und Struktur mit dem Einfügen von Text, Bildern und Grafiken.

Besucheransicht

Oben rechts befindet sich der Button, um Ihre Seite aus der Sicht eines Besuchers anzuschauen.

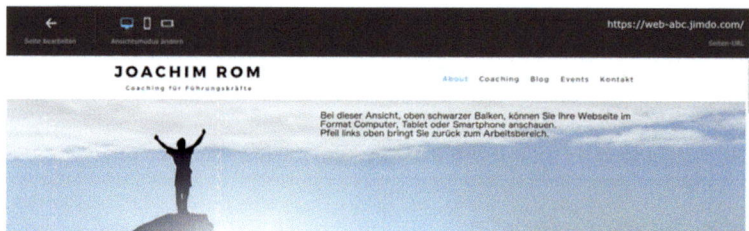

Mit dem Pfeil oben Links gelangen Sie zurück in den Bearbeitungsbereich. In der Ansicht können Sie zwischen Desktop, Tablet und Smartphone wechseln.

Menü > Dashbord für Design und Optimierung

Layout, Positionierung Logo, Menü, Farben werden via Menü, «Dashboard» genannt, geändert.

Verändern Inhalte Texte

Auf Ihrer neu erstellten Seite, bewegen Sie die Maus/den Cursor auf Textelementen nach unten. Sie werden bemerken, dass sich das Aussehen des Elementes verändert. Klicken Sie dann in das Element, so können Sie den Inhalt verändern.

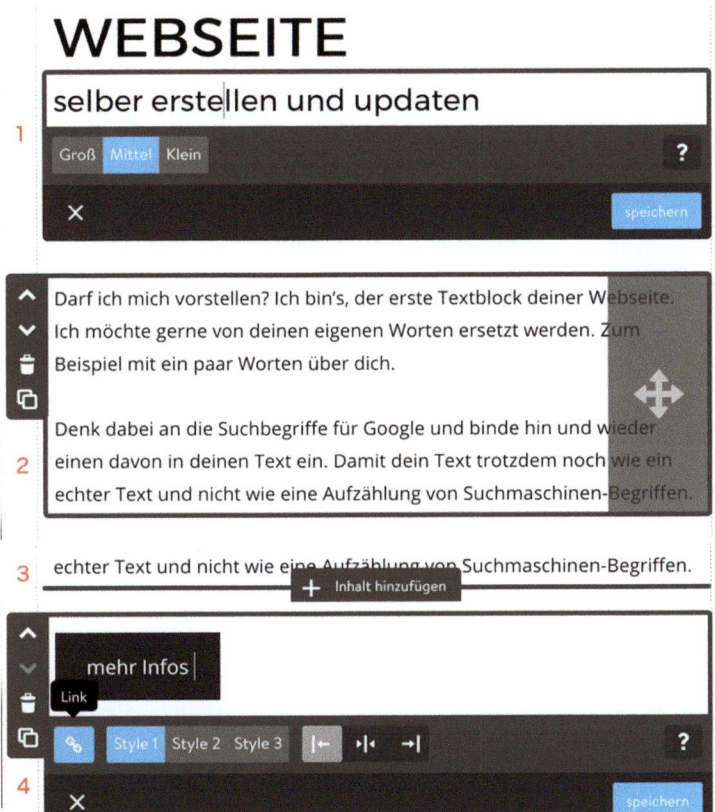

1) Überschriften pro Seite 1 x Gross , weitere Mittel oder Klein
2) Textelemente können Sie einfach bearbeiten, kopieren oder löschen
3) Zwischen zwei Elementen erscheint «Inhalt hinzufügen», neue Elemente wie Texte, Überschriften, Bilder usw. einfügen
4) Button – Text und Link (klicken auf Kettensymbol) können so einfach verändert oder neu eingefügt werden

Verändern von Inhalten, Bildern und Grafiken

Bilder und Grafiken werden im Internet mit einer Auflösung von 72 dpi (dot per inch) in RGB Farbschema dargestellt. Zu grosse Dateien bringen ausser langen Ladezeiten keine Qualitätsverbesserung. Um die Ladezeit so tief wie möglich zu halten, sind die Pixel relevant. Auf dem Smartphone gilt punkto Geschwindigkeit je kleiner, desto besser.

Bildverwendung	Pixel	Grösse
Im Inhaltsbereich	640 x 426	28 kB
Headerbild, ganze Breite	1280 x 853	193 kB
Hintergrundbild	1920 x 1280	476 kB

Bildbearbeitungsprogramme eignen sich sehr gut, um die Anzahl der Pixel zu verkleinern. Es empfiehlt sich, ein solches zu verwenden, denn Sie werden auch Bilder auf die gleiche Grösse anpassen müssen. Auch bei Bildern von Kamera oder Smartphone empfiehlt es sich, die Grösse auf die wirklich benötigten Pixel anzupassen.

Ihre gewählte Vorlage hat Bilder und Grafiken. Um eine gute Darstellung zu erreichen, können Ihre neuen Bilder in der gleichen Grösse erstellt werden. Wie finden Sie die Bildgrösse heraus?

1)   Besucher-Ansicht

2)   Auf das Bild klicken

3)   Rechte Maustaste – Bild/Grafik speichern

Diese Datei danach in ein Grafikprogramm importieren, Beispiel mit Gimp (Bild, Bild skalieren):

So können Sie Ihre Bilder in der passenden Grösse erstellen und danach als .jpg oder .png abspeichern. Damit Sie eine weitere Optimierung erhalten, geben Sie dem Bild oder der Grafik einen entsprechenden Namen. So kann es auch bei Google gefunden werden und verweist dort auf Ihre Webseite.

Gerade weil den Mobilgeräten– den Smartphones – eine so wichtige Bedeutung zukommt, ist die Grössenoptimierung der Bilder sehr wichtig. Auch wenn Ihr Tool die Bilder selbst für die Anzeige optimiert, ist es empfehlenswert, schon zu Beginn eine Anzeigen-optimierte Auflösungen in die Webseite einzufügen.

Bei Bildern und Grafiken ist es ähnlich wie bei Text. Sobald Sie mit dem Cursor darüberfahren, erscheint ein Rahmen:

Probieren Sie die verschiedenen Möglichkeiten aus: Bild in der Position rauf, runter, duplizieren

Bild verändern, Vergrössern, verkleinern, Ausrichten (Links, Mitte, Rechts).

Klick auf die drei Punkte:
Vergrössern bei Ansicht,
Verlinken mit interner oder
externer Seite.
Label: Untertitel und
Alternativ-Text

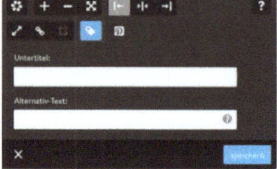

Alternativ-Text: Dieser ist sehr wichtig für die Such-Optimierung. Suchmaschinen lesen nebst dem Namen des Bildes auch den Alternativ-Text. Bei der Suche nach Bildern werden diese dann mit den verwendeten Worten aus dem Alternativ-Text angezeigt. Eine sehr gute Möglichkeit, Besucher auf die Webseite zu holen!

Bei der externen Verlinkung werden diese bei Jimdo in einem neuen Browser-Fenster geöffnet.

Weitere Gestaltungsmöglichkeiten sind Spalten. Wenn der Inhalt Ihrer Webseite auf einem Smartphone angezeigt wird, so ist der Platz in der Breite beschränkt. Mit Spalten erreichen Sie eine gute Darstellung, unabhängig der Bildschirmbreite. Die einzelnen Spalten werden dann wieder mit Inhalten gefüllt (Bilder, Text usw.) alle Elemente welche Ihnen zur Verfügung stehen, können hier eingefügt werden.

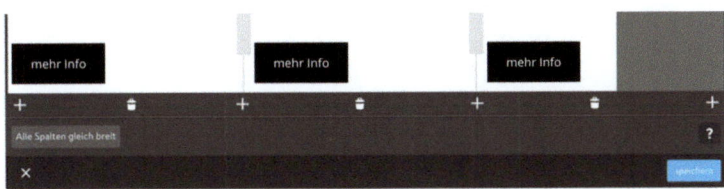

Experimentieren Sie mit den vorgestellten Gestaltungs-Elementen! Jedes CMS Tool ist etwas anders aufgebaut, verfügt aber sicher über ähnliche Möglichkeiten. Wenn Sie an der Webseite arbeiten, wechseln Sie immer mal wieder in die Ansicht des Besuchers. Überprüfen Sie damit, wie Text, Bilder und Grafiken wirken.

Es gibt noch weitere Module für die Gestaltung Ihrer Webseite. Schauen Sie sich auch die Videos zur Arbeit mit dem Tool an. So lernen Sie auch neue Möglichkeiten kennen und entdecken neue Darstellungsformen. Interessant ist, es «grosse» Webseiten zu studieren und Elemente der Bedienung und Darstellung in die eigene Webseite einzubauen.

Bei Jimdo ist Ihre Webseite bereits «live» auf dem Internet und abrufbar, sofern man ihre verwendete URL kennt. Sie können einzelne Seiten verbergen oder mit Passwort vor dem Zugriff schützen.

Übersicht der Gestaltungselemente

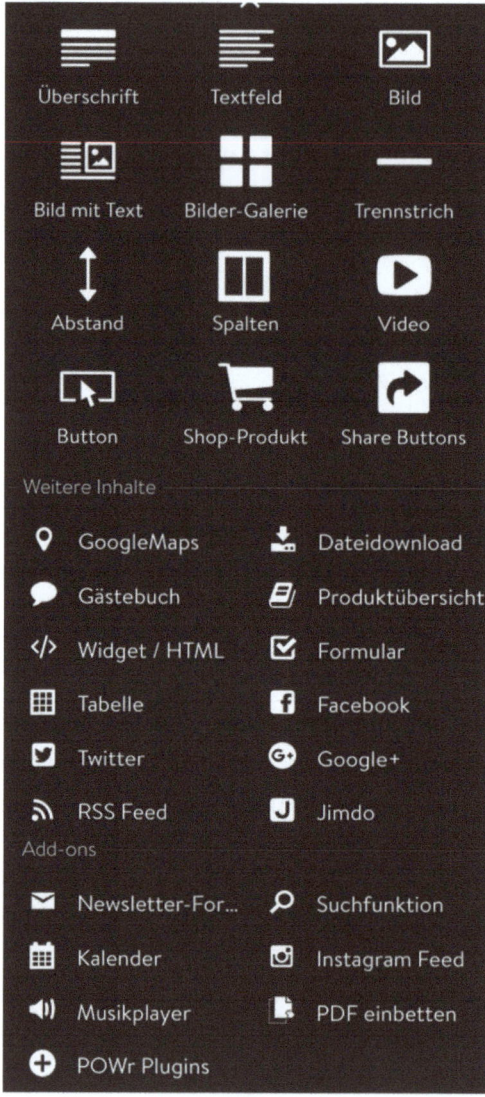

Diese Elemente finden Sie in der einen oder anderen Form in anderen CMS Tools wieder.

Probieren Sie aus, schauen Sie, was wirkt und wie Ihre Texte und Bilder die Besucher am besten ansprechen.

Eine Besonderheit ist Widget/HTML.
In diesem Element können Sie „Befehle" eingeben, um die Funktionalität noch zu erweitern.

Bild: Screenshot
Jimdo.com / Okt.2017

Schritt 3: Navigation/Menü und neue Seiten

>> Inhalt auf mehrere Seiten aufteilen
>> Logische Struktur
>> Besucher finden sich zurecht

Wenn Sie in der Nähe des Menüs den Cursor bewegen, sehen Sie ein Element «Navigation bearbeiten». Mit der Wahl der Vorlage bzw. des Designs wurden Ihnen Inhalte eingefügt sowie eine einfache Menü-Struktur erstellt. Diese können Sie nach Belieben anpassen.

Klicken Sie auf «Navigation bearbeiten», klappt der Bereich aus und Sie sehen die einzelnen Seiten.

Welche Menü-Struktur Sie aufbauen, hängt mit dem Inhalt Ihrer Webseite zusammen. Sie haben dazu bereits weiter vorne die Inhalte zusammengestellt. Diese «verpacken» Sie nun zu übersichtlichen Teilen. Ihre Webseite sollte sicher Folgendes enthalten:

- Start/Home > Hier kommen die Besucher zuerst hin
- Angebot/Dienstleistung > Gemäss Ihren Notizen
- Über uns > Vorstellung Ihres Unternehmens
- Kontakt > Mit Formular, wie kontaktiert man Sie am besten?

(Achten Sie darauf, dass man Ihre Kontaktdaten auch auf der Seite einfach finden kann.)

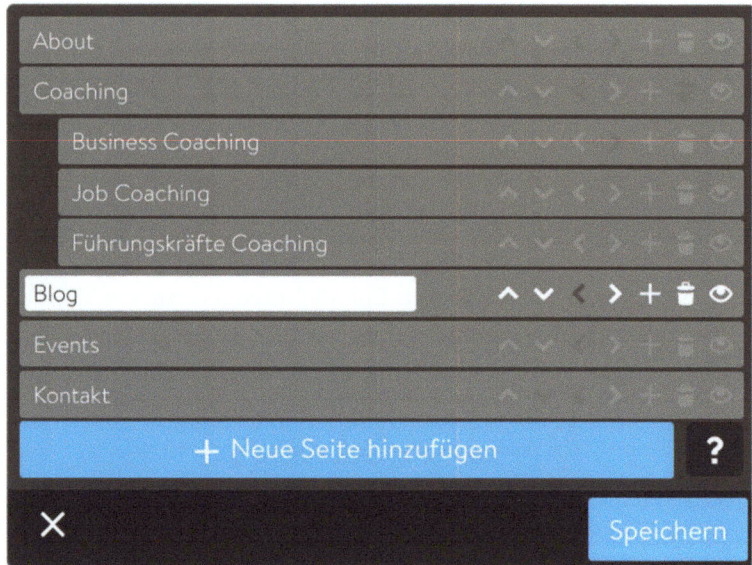

Probieren Sie es am besten gleich aus. Überschreiben der Texte, neue Seite hinzufügen und diese an einen gewünschten Ort verschieben, eine Ebene nach hinten (wird dann als Untermenü des oberen Menü-Punktes angezeigt).

«Das Auge», die letzte Position in der Menü-Zeile – damit machen Sie eine Seite unsichtbar für Besucher, z. B. wenn Sie noch daran arbeiten oder um gewisse Informationen dann anzuzeigen, wenn vorher eine andere Seite aufgerufen wurde.

Die Struktur ist konsistent und intuitiv

Eine gute Navigation erklärt sich von selbst und muss nicht erlernt werden. Genauso sollte auch innerhalb der Webseite die Struktur gleichbleiben und sich nicht verändern.

Verwenden von aussagekräftigen Beschriftungen

Was findet der Besucher unter dem betreffenden Menüpunkt? Je eindeutiger und spezifischer, desto besser.

Die Struktur zeigt dem Besucher, wo er gerade ist

Vergleichbar mit dem Stadtplan, der eine «Sie sind hier»-Markierung hat, sollte die Navigation dem Besucher signalisieren, wo er sich innerhalb der Webseite gerade befindet.

Nicht zu viele Untermenüs und Verschachtelungen

Meist sprechen wir von maximal drei Tiefen eines Menüs, um es noch übersichtlich zu halten.

Beachten der allgemeinen Konventionen

Natürlich ist es «cool», wenn der Designer eine total ausgefallene Idee für die Gestaltung hat. Die Menschen sind jedoch Gewohnheitstiere – die allgemeinen Verhaltensweisen auf der Webseite zu berücksichtigen, unterstützt das Wohlbefinden der Besucher.

Schritt 4: Arbeiten am Seiteninhalt

>> Umsetzen der Planung in den Inhalt

Die in der Planungsphase zusammengetragenen Daten werden jetzt in einzelne Seiten verpackt.

Weniger ist oft mehr

Besucher wollen nicht seitenlange Abhandlungen lesen. Halten Sie sich kurz und beschreiben Sie klar, worum es geht. Sie können detaillierte Informationen als PDF einbinden.

Bild und Text

Achten Sie auf eine ausgewogene Darstellung. Passt ein Bild perfekt zum Text, dann ja. Es sollte den Inhalt verstärken, aber nicht davon ablenken.

Jede Seite sollte folgende Elemente beinhalten:

- Eine grosse Überschrift
- Mehrere mittlere und kleine Überschriften
- Text (so genannter Content)

Bilder, Videos, Grafiken usw. gemäss Ihrem Inhalt

Schritt 5: Darstellung anpassen

>> Design, Menü
>> Bannerbild und Hintergrund
>> Farben
>> Inhalt Schriftgrösse, Schriftart, Schriftfarbe

Design, Menü

Nachdem Sie erste eigene Inhalte eingefügt haben, erkennen Sie, ob Ihnen die Darstellung des gewählten Designs gefällt. Wenn nicht, können Sie ein anderes wählen. (Achtung: sobald der Wechsel auf ein neues Design gemacht wurde, können Sie bei der hier vorgestellten Version nicht mehr 1:1 auf das beim Start gewählte Design zurück.)

- Darstellung Design, z. B. wiederholende Bereiche rechts und links des Mittelteils
- Darstellung Menü 1., 2., 3. Ebene

Klick auf Menü

Passt im Design die Darstellung des Menüs?

Darstellung Besucheransicht

Probieren Sie auch andere Darstellungen aus, bis eine für Sie optimal passt. Die bereits erstellen Inhalte bleiben erhalten, jedoch müssen Sie eventuell Anpassungen machen. Bevor ein neues Design gewählt wird, sehen Sie, wie Ihre Webseite mit dem neuen Template dargestellt wird.

Bannerbild und Hintergrund

Diese beiden Bilder tragen sehr viel zum ersten Eindruck bei. Wichtig ist, dass sie auch passen. Wählen Sie aus Bilddatenbanken oder verwenden Sie eigene Fotos. Sie werden sehen, dass die oben aufgeführte Pixelzahl die Qualität der Darstellung beeinflusst.

Sie können die Darstellung wählen: Als Bannerbild (nur Kopfbereich inkl. Fokus) und als Hintergrundbild. Mehrere Bilder sind möglich, ebenso für die diversen Unterseiten.

Style

Mit dieser Funktion können Sie die Farben, Schriftart und Schriftgrösse wählen. Eine Änderung betrifft immer alle Elemente des gleichen Typs. Verändern Sie «Überschrift gross», so werden alle verwendeten, grossen Überschriften so dargestellt.

Mit dem «Farbroller» über den zu verändernden Bereich fahren.

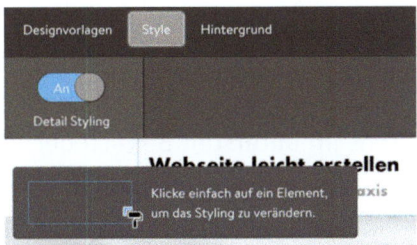

Mit diesen Informationen werden Sie eine erste Version Ihrer Webseite erstellen können. Sobald dies geschehen ist, geht es an die Optimierung des Inhalts. Nicht nur Besucher der Webseite, sondern auch Suchmaschinen sollen möglichst optimiert die Informationen herauslesen können.

Schritt 6: Spezialseiten

>> Impressum

>> Datenschutz

>> Allgemeine Geschäftsbedingungen (AGB)

Meistens im untersten Bereich der Webseite finden Sie diese beiden Links zu Impressum und Datenschutz. Die Allgemeinen Geschäftsbedingungen müssen dort ersichtlich sein, wo Sie etwas verkaufen. Erarbeiten Sie diese Geschäftsbedingungen sorgfältig und fügen Sie ein Datum ein.

Bitte informieren Sie sich bei offiziellen Stellen Ihres Landes, was Sie hier entsprechend angeben müssen. Prüfen Sie die aktuellen Datenschutzbestimmungen regelmässig und aktualisieren Sie Ihre Information darüber regelmässig.

Noch wichtiger sind die oben genannten Punkte, wenn Sie Produkte verkaufen wollen. Hier sind die Bestimmungen der einzelnen Länder genau zu kennen. Auch beim internationalen Online Shop: Ziehen Sie hier Experten bei! Die Gesetzgebungen müssen eingehalten werden, ansonsten können Sie dafür belangt werden.

Schritt 7: Weitere Elemente

>> YouTube einbinden

>> Google Maps/Landkarte einbinden

>> Module einbinden

>> Verkauf/Online Shop-Modul

>> Kontaktformular

>> Social Media- und Business-Netzwerke

YouTube

Fremde oder eigene Videos können auf YouTube gespeichert und auf der Webseite abgerufen werden. Dazu gibt es eine eigene Funktion. Zuerst Link des YouTube-Videos kopieren. Danach bei «Inhalte hinzufügen»-Video anklicken, danach den kopierten Link in das Feld einfügen.

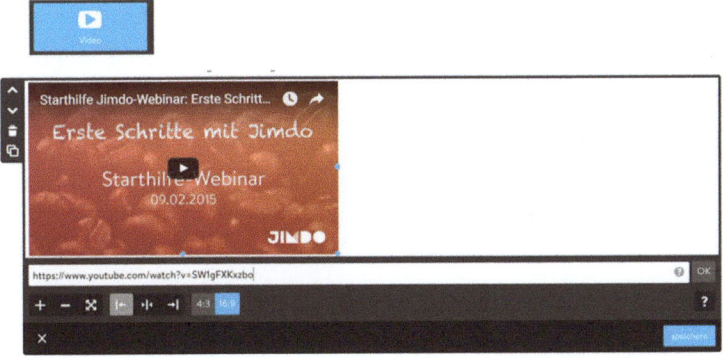

Google Maps/Landkarte einbinden

Bei der Angabe Ihrer Adresse, dem Kontaktformular oder «So finden Sie uns» eine hilfreiche Angabe für Ihre Besucher.

Module einbinden

Klicken Sie auf «Inhalte hinzufügen» und hier auf «Weitere Inhalte und Add-ons». Probieren Sie diese aus, die meisten sind sehr intuitiv und selbsterklärend. Spannende Erweiterungen bietet auch das Modul www.powr.io direkt aus Jimdo einzubinden.

Widget <html>

Dieses Modul dient dazu, die Webseite mit Inhalten zu erweitern. Diverse Anbieter stellen diesen HTML-Code zur Verfügung, z. B. einen Fahrplan, grafische Darstellungen.

Verkauf/Online Shop-Modul

Er ist nicht zu vergleichen mit den «grossen» Online Shops. Haben Sie einige Produkte die übersichtlich und ohne ein Live-Update des Lagerbestandes und des Preises auskommen, so ist es ein guter Einstieg in die Welt des Online-Handels. Dazu benötigen Sie jedoch die Pro Version. Mit dem Modul «Shop-Produkt» können Sie die wesentlichen Inhalte und auch die Versand- und Zahlungsmodalitäten erfassen.

Kontaktformular

Auf jeder Webseite finden Sie die Möglichkeit, entweder via E-Mail oder mit einem Kontaktformular Informationen zu erhalten. Gestalten Sie das Formular gemäss Ihren Anforderungen. Jedoch verzichten Sie auf zu viele Felder.

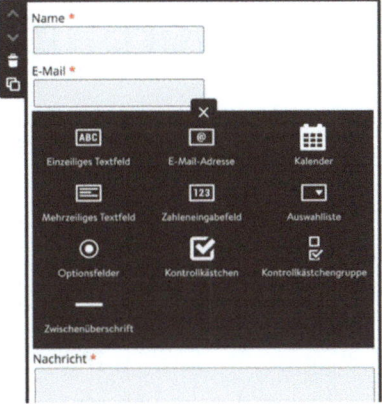

Felder mit einem * müssen ausgefüllt werden. Beim Klick in den Bereich des Formulars, erhalten Sie weitere Möglichkeiten, Formularfelder einzufügen.

Social Media- und Business-Netzwerke

Teilen Ihrer Inhalte im Social Media-Profil des Besuchers. Dazu dienen die Share Buttons.
Verlinken auf Ihr Profil in einem Business-Netzwerk.

Anzeige von Social Media Interaktionen.

Share Buttons - Besucher teilt die Seite mit seinem Netzwerk

Logo oder Bild wird mit dem eigenen Profil verbunden

Social Media Interaktionen

Schritt 8: Inhaltsoptimierung

>> Darstellung
>> Keywords – Suchworte der Besucher
>> Verlinkungen (Link und Backlink)
>> Seitenoptimierung für Suchmaschinen
>> Erste Tests

Soweit haben Sie Ihre Webseite fertiggestellt. Jetzt werden wir nochmals den Auftritt nach diversen Kriterien durchleuchten. Zuerst die Basis:

Testen der Inhalte

- Verständlichkeit der Worte und Sätze
- Schreibfehler korrigiert
- Besucher erkennt, worum was es geht
- Übersichtlichkeit im Menü
- Buttons führen zur richtigen Seite
- Links innerhalb der Seite funktionieren
- Links nach externen Seiten in neuem Fenster
- E-Mail-Adressen sind korrekt und funktionieren
- Formularfelder und deren Inhalte sind korrekt
- Eingebundene Dateien werden angezeigt (PDF)
- Dateidownload funktioniert
- Videolinks zu YouTube funktionieren

Tools wie www.seitwert.de können dabei helfen.

Darstellung

Optimieren Sie nötigenfalls die Darstellung. Einheitlichkeit der Farben, Bilder. Textgrössen, Textfarbe und Schriften passen. Lassen Sie Raum zwischen den Inhalten und gehen Sie von der Übersicht ins Detail.

Keywords – Suchworte der Besucher

Hier verwende ich «Keyword»: Ein Begriff, der aus ein bis mehreren Worten besteht. Er beschreibt Ihr Angebot, und die potenziellen Besucher Ihrer Webseite geben ihn in der Suchmaschine ein. Primäres Ziel ist, die Fragen des Besuchers zu beantworten. Das heisst, die Besucher kommen entweder direkt mit der URL auf Ihre Webseite oder via Google/Suchmaschinen. Kommt die Person via Suchmaschine, so hat sie basierend auf den eingegebenen Worten diverse Webseiten oder Bilder angezeigt bekommen.

Betreffend Verwendung von Keywords gibt Google in ihrem Tool „Google Adwords" die Möglichkeit, diese zu Recherchieren. Suchen Sie im Internet nach: Keyword planner, Keyword tool. Die Definition dieser Wörter ist ein sehr umfassendes Thema.

Zum Start verwenden Sie Worte oder Wortkombinationen von denen Sie annehmen können, dass Ihre potentiellen Kunden diese für die Suche verwenden.

Verlinkungen (Link und Backlink)

Das Internet lebt von Verlinkungen. Webseiten werden miteinander verbunden. Abgehende Verbindung nennt man Link, Links die von anderen Webseiten auf Ihre verweisen sind Backlinks.

Links: wählen Sie Webseiten mit relevanten Inhalten für Ihre Zielgruppe. Verlinken Sie nur, was Ihr Angebot vertieft, erweitert usw. Ebenso kein Austausch von Links zwischen zwei Webseiten, das bringt Ihnen nichts und wird von den Suchmaschinen nicht eher negativ bewertet.

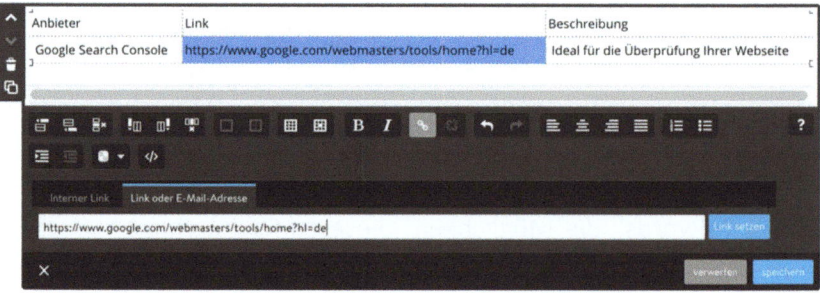

Backlinks erhalten Sie von anderen Internetseiten. Diese verlinken auf Ihr Angebot, ähnlich wie auch Sie mit Links auf fremde Seiten verlinken. Natürlich steht es Ihnen frei, bei den Website Betreibern nachzufragen, ob ein Link auf Ihre Seite gemacht werden kann. Jedoch ist die Relevanz und Ergänzung zu Ihrem Thema an oberster Stelle und nicht die Anzahl Backlinks. Um Backlinks zu erkennen, brauchen Sie ein Tool.

Ihr Angebot oder Dienstleistung muss für den Webseiten-Besucher klar ersichtlich sein

- Bieten Sie das Gesuchte an, indem Sie Suchworte (Ihre Keywords) in Überschriften und Text platzieren
- Inhalt wird in 2 bis 5 Sekunden überflogen und es entscheidet sich, ob die Besucher weiterlesen oder wegklicken
- Beschreibungstext entspricht der Überschrift und handelt vom gesuchten Thema, Angebot
- Übersichtlichkeit > Menüs und Anordnung der Seiten
- Wer sind Sie > Ihr Name und Logo
- Impressum, Datenschutz, AGB vorhanden
- Wie kontaktiert man Sie > Telefonnummer, Formular, E-Mail, Adresse

Wie finden Sie die optimalen Keywords? Es gibt dazu Tools, die Analysen durchführen, welche Worte von Internetnutzern am häufigsten verwendet werden. Eine einfache Möglichkeit ist, in der Suchmaschine das Wort, den Begriff einzugeben. Suchten genügend Personen wird er, während Sie diesen eintippen, angezeigt. Noch besser ist, wenn Sie wissen, wie Ihre Kunden suchen. Welchen Wortschatz diese nutzen und verwenden Sie diesen dann in Ihrem Inhalt der Webseite. In der Analyse erfahren Sie dann, wie Sie herausfinden, wie die Leute nach Ihrer Seite gesucht haben. Das Thema Keywords ist sehr umfassend und kann hier nur kurz beschrieben werden. Ein Keyword kann auch aus mehreren Worten bestehen. Diese Einschränkung hilft dabei, genau die gewünschte Kundschaft auf die Webseite zu holen.

Beispiel-Suche, Eingabe im Suchfeld

Restaurant > Millionen Resultate

«Italienisches Restaurant» > Tausende Resultate

«Italienisches Restaurant Zürich» > Auswahl der Stadt

«Italienisches Restaurant Zürich Seefeld» > mit Stadtteil

Webseiten-Thema, Seitenbeschreibung und Seitenname

Bei Jimdo gibt es dazu eine einfache Möglichkeit. Bei der kostenlosen Version nur für Start/Home Seite, ansonsten für jede einzelne Seite zu machen, die auch von Google und Suchmaschinen gefunden werden soll.

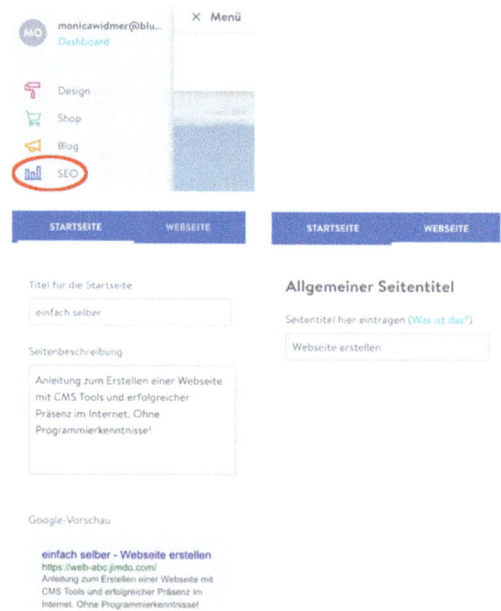

Bei den meisten Internetbrowsern erkennen Sie eine kleine Grafik oben neben dem Seitennamen. Diese kleine Grafik nennt man favicon. Sie hat ein eigenes Format und kann danach eingefügt werden.

vorher

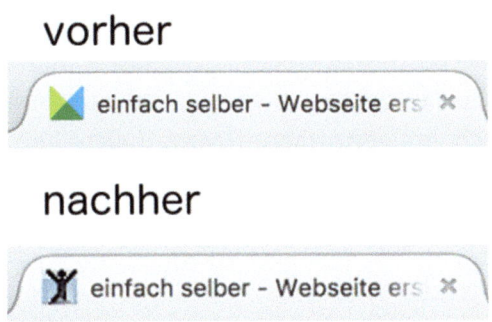

nachher

Vorgehen: Im Internet suchen Sie einen favicon-Generator. Dies sind meistens kostenlose Tools. Achtung: Aufpassen bei Klicks auf diese Webseiten, damit Sie nicht aus Versehen ein ungewolltes Programm installieren!

Das favicon wird erstellt, indem Sie eine Grafik hochladen oder selbst mit dem Zeichenstift eine kreieren. Danach downloaden und einfügen des «favicon.ico» in Jimdo. Einfügen können Sie es mit:

Menü > Einstellungen > Funktionen > Favicon

Dort können Sie das favicon.ico hochladen und es erscheint neben dem Namen der Webseite – Website.

Suchroboter, egal ob von Google oder anderen Betreibern, lesen Inhalte aus Ihrer Webseite aus und speichern sie in Verzeichnissen. Einiges können Sie selbst tun, um Inhalte zu optimieren.

Auf den einzelnen Seiten Ihrer Website

- Eine grosse Überschrift mit Keyword pro Seite
- Keyword, Synonym oder Wortgruppe kommen im nachfolgenden Text mehrfach vor, jedoch im vertretbaren Mass (auch Ihre Besucher lesen diesen Text) und die Algorithmen von Google können die Keywords in Wortgruppen erfassen
- Bilder haben einen sprechenden Namen und der Alternativ-Text wurde erfasst
- Regelmässige Aktualisierung der Inhalte

Allgemein für die Website

- Technische Aktualisierung (von Jimdo gemacht)
- Sitemap.xml entspricht einem Inhaltsverzeichnis Ihrer gesamten Website (automatisch erstellt)
- Check der Links / Backlinks

Dazu können Sie Tools nutzen, welche Ihre Webseite durchleuchten und auf Optimierungsmöglichkeiten hinweisen. Sicher sollten Sie das Tool „Google Search Console" einbinden. Siehe Seite 91.

Letzter Qualitätscheck der Webseite

1. Verfügbarkeit

Auf allen Geräten vom Desktop bis zum Smartphone muss die Seite immer aufrufbar sein und dies in einer guten Geschwindigkeit. Google Tool: https://testmysite.withgoogle.com

2. Lesbarkeit

Auf die Kontraste von Schrift und Hintergrund achten. Testen auf diversen Endgeräten.

3. Textgrösse

Bei der Schriftart und der Textgrösse auf optimale Lesbarkeit achten.

4. Fehlerlose Links

Immer zu überwachen: Funktionieren die Links intern und extern noch. Sind alle Seiten Verfügbar die aktiv angesprochen werden können. (Vermeiden des Fehlers 404, Seite nicht gefunden).

5. Das Logo

Ist gut ersichtlich und es verlinkt **IMMER** auf Ihre Start/Home-Seite. Benutzer sind sich dies so gewohnt.

6. Wie findet sich der Besucher zurecht?

Klare übersichtliche Menü Struktur (z. B. bis 3 Ebenen) und darunter eine logische Anordnung der diversen Seiten hilft Inhalte wieder zu finden. Kurz und prägnant ist der Schlüssel einschliesslich der Hinweis, wo man sich gerade befindet.

7. Suchen und finden

Sofern möglich, integrieren Sie ein Suchfeld, um Inhalte auf Ihrer Seite auch mit Begriffen zu finden.

8. Verlinkung und Links

Verlinkungen finden innerhalb Ihrer Seite statt und sind oft hinter einem Button oder Bild/Grafik hinterlegt. Links zu externen Seiten müssen gut ersichtlich sein. Beachten Sie hier Ihre Verantwortung bei Links zu fremden Inhalten. Datenschutzgesetze werden hier immer strikter und Sie können unter Umständen dafür haftbar gemacht werden.

9. Bilder und fremde Inhalte

Nehmen Sie Abstand vom Kopieren fremder Inhalte, der Verwendung von Bildern oder Videos anderer Webseiten. Die Methoden, um nicht korrekt lizenzierte Dateien oder andere Eigentumsverletzungen nachzuverfolgen, sind sehr ausgereift.

10. Aktualität

Verändern sich Inhalte, dann führen Sie diese nach. Checken Sie regelmässig die Inhalte auf Aktualität und verschieben Sie nicht mehr relevante Inhalte in ein Archiv oder den Papierkorb. Besonders Events und Veranstaltungen gehören in diese Kategorie.

11. Verlinkungen zu Social Media- und Business-Portalen

Es gibt Tools, mit denen Sie Ihre Links und Links von anderen Internetpräsenzen auf Ihre Seite checken können.

Bis Ihre Webseite von Google indexiert wird und somit via Suchfeld auch gefunden wird, können ungefähr 1 bis 3 Wochen vergehen. Eine Anmeldung in diversen Suchmaschinen kann helfen und ist kostenlos. Tipps dazu finden Sie im Internet oder z. B. unter https://seo-summary.de

9 Vermarktung

Die Webseite steht, ist getestet und aufgeschaltet. Wie geht es weiter? Ohne aktive Vermarktung Ihrer Webseite wird die Besucherzahl wahrscheinlich nicht Ihren Erwartungen entsprechen. Wir schauen die Möglichkeiten für ein kleines Budget an.

1) Klassische Werbung (Visitenkarten, Print, Flyer usw.)
2) Soziale Netzwerke (XING, LinkedIn, Facebook, Twitter, YouTube, Google My Business usw.)
3) Blog, Newsletter, E-Mail-Marketing

Voraussetzung

Definieren Sie für sich eine Strategie, WIE Sie nach Aussen auftreten wollen. Was bieten Sie an, wofür steht Ihre Webseite und welchen Mehrwert bieten **SIE**? Nutzen Sie Bestehendes, um es mit der Komponente Internet zu erweitern. Nicht die Menge macht es schlussendlich aus, es kommt auf die Relevanz der Informationen bei der Zielgruppe an. Ohne das nützt Ihnen das grösste Werbebudget nichts. Google und andere Suchmaschinen können analysieren, ob der von Ihnen erstellte Inhalt relevant für die Zielgruppe ist. Je treffender, umso grössere Chancen bei bezahlter Werbung, die besten Plätze zu erhalten. Da Zielgruppen-fokussierter Inhalt auch unterschiedliche Anforderungen an die Formulierung in den Social Media-Plattformen stellt, sehen Sie, dass es mit Arbeit verbunden ist. Die diversen Kanäle können nicht mit dem 1:1 gleichen Inhalt bedient werden, obwohl Ihnen dies Zeit sparen würde. Auf Facebook kommunizieren die Leute anders als auf XING. Um das heraus zu finden, beobachten Sie, was wo läuft und welche Infos die teilnehmenden Leute gut finden. Ziel der

Präsenz auf Social Media ist, in den Dialog mit den Menschen zu treten.

Klassisches Marketing ist nach wie vor notwendiger Bestandteil der Werbung, auch wenn vom Budget ideal 30% in das digitale Marketing fliessen.

Social Media (XING, LinkedIn, Facebook, Twitter, YouTube, Google): Auch wenn Sie diese Kanäle (noch) nicht nutzen, reservieren Sie sich ihren Namen. Nebst der Webseite wird es immer wichtiger, dass Sie auf diesen Plattformen präsent sind.

Blog, Newsletter, E-Mail-Marketing: Sie brauchen genügend Geschichten, Inhalte und Informationen, um hier regelmässig und über einen langen Zeitraum die Gruppe aufzubauen. Manchmal dauert es über ein Jahr lang, bis sich wirklich etwas bewegt. Jedes Unternehmen hat einmal klein angefangen. Achtung: 1000 «Followers» bilden sich langsam heran und nicht über Nacht. Kaufen Sie niemals solche Kontakte, es zahlt sich nicht aus.

Wie erreichen Sie potenzielle Kunden?
Welche Massnahmen müssen Sie ergreifen? Das beste Lernmaterial dazu erhalten Sie auf Ihrem Computer. Regen Sie sich nicht darüber auf.

- Wenn Sie wieder einen Newsletter bekommen, studieren sie diesen und analysieren Sie Inhalt und Struktur.
- Wenn die Werbung Sie zu verfolgen scheint, analysieren Sie, wo Sie danach gesucht hatten (das nennt sich Retargeting, ausgelöst aus gespeicherten Cookies auf Ihrem Computer).

- Gelegenheit: **NUR** jetzt, letzte Gelegenheit, Sie wurden speziell ausgewählt, noch wenige Plätze frei –glauben Sie nicht alles aber lernen Sie von den Formulierungen,
- Tiefstpreis: Das Produkt kostet CHF 99'999.00, jetzt für CHF 999 inklusive A, B, C; ein Superpreis oder andere finanzielle Anreize – welche Anreize werden angeboten?

Diese Liste kann beliebig fortgesetzt werden, denn der Kreativität der Marketingprofis sind keine Grenzen gesetzt. Entscheiden Sie für sich, was für Ihre Kunden passen würde und sammeln Sie die Beispiele.

Ziele dieser Angebote

- Schon bei der Ansicht einer Webseite wird ein Cookie in Ihrem Browser gespeichert.
- Sie geben Ihre E-Mail an, damit man Ihnen Werbung, und Newsletter zustellen kann.
- Sie kaufen etwas zu günstigem Preis, die Chance ist da, dass Sie wieder einmal etwas kaufen.
- Sie kaufen etwas, das Sie gar nicht haben wollen (Zusatzverkauf).

Beobachten Sie, wer welche Inhalte auf den diversen Social Media Plattformen platziert. Auch die Konkurrenz oder ein Blick auf andere Branchen kann sich lohnen. Das verschafft Ihnen einen Überblick, wo sich Ihre Zielgruppe aufhält. Welche Inhalte interessieren? Diese sollten sich nur selten um Ihr Produkt oder Dienstleistung drehen, denn Ihre Zielgruppe interessiert sich wahrscheinlich mehr für Informationen zum Thema, Lösungswege, Unterhaltung, Wettbewerbe usw. Bewährt hat sich eine Auflistung, um die Übersicht zu erhalten. Als Kleinunternehmen haben Sie noch einen sehr hilfreichen Vorteil: Befragen Sie Ihre Kunden!

Thema/Inhalt	Zielgruppe	F	T	X	L

Worum geht es, wer ist die Zielgrupp des Themas und wo wurde es aufgeschaltet (F = Facebook, T = Twitter, X = Xing, L = LinkedIn).

Professionelle Werbung

Sie möchten mit Google Adwords neue Kunden gewinnen. Oder auf Facebook eine Kampagne für mehr Likes oder Klicks auf Ihre Webseite starten. Sehr schnell haben Sie viel Geld ausgegeben ohne einen Nutzen davon zu haben. Entweder Sie befassen sich intensiv mit Werbung im Internet oder Sie verpflichten eine Agentur. Diese kennen die Statistiken und Auswertungsmöglichkeiten. Jemand der sich tagtäglich mit digitaler Werbung befasst, kennt die Wege Ihr Unternehmen optimal zu vermarkten besser als wenn wir es «zwischendurch» erledigen. Ein Experte in diesem Gebiet kann Ihnen dann auch die Auswertungen aufbereiten, damit Sie sehen, ob Ihre Ziele erreicht werden. Investieren Sie hier in die Experten.

10 Optimierung

Besucher kommen auf die Webseite. Im optimalen Fall erhalten Sie dadurch Anrufe, Kontaktanfragen, verkaufen Ihre Dienstleistungen oder Produkte. Die Optimierung dient dazu, noch besser auf die Besucheranforderungen einzugehen. Worte zu wählen mit denen Besucher nach Dienstleistungen oder Produkten suchen und dann im idealen Fall bei Ihnen auf der Webseite landen.

Analyse, Beobachtung, Trends (z. B. mit Google Analytics, Google Webmastertools usw.)

- SEO mit Keyword-Optimierung, Text- und Keyword-Optimierung, SEO auf der Seite usw.
- Analyse betreffend Redesign (Neugestaltung der Webseite), Erweiterung, Optimierung durch neue Funktionalität

Anbindung Google Tools
Einfach zu nutzen ist Google Trends. Suchen Sie danach und probieren Sie es aus. Bevor Sie Auswertungen machen können, müssen Sie Google Analytics und Google Search Console mit Ihrer Webseite verbinden. Beide Tools sind sehr zu empfehlen.

Google Analytics
Informationen über Ihre Webseite betreffend Zielgruppe (aktive Nutzer, demografische Merkmale, Interessen, Verhalten), Akquisition (Kampagnen mit Keywords), soziale Netzwerke, Webseiten-Content (Inhalt, Zielseiten, Ausstiegsseiten) usw. Dazu eröffnen Sie bei Google einen Account und wählen Analytics. Unter «verwalten» können Sie

ein neues Konto erstellen, geben Ihre Webseiten-URL an und können danach die Tracking-ID abrufen. Das genaue Vorgehen entnehmen Sie bitte der Anleitung von Google. Die Hilfe ist auf der Seite verfügbar.

Mit dieser kopierten Tracking-ID (z. B. UA-12345678-1) geht es zurück zur Webseite. Bei der kostenlosen Jimdo Version kann es leider nicht verwendet werden. Das ist verständlich, denn es braucht einen eigenen Domainnamen, um den Tracking Code zu generieren. Bei der Pro Version sieht es dann so aus:

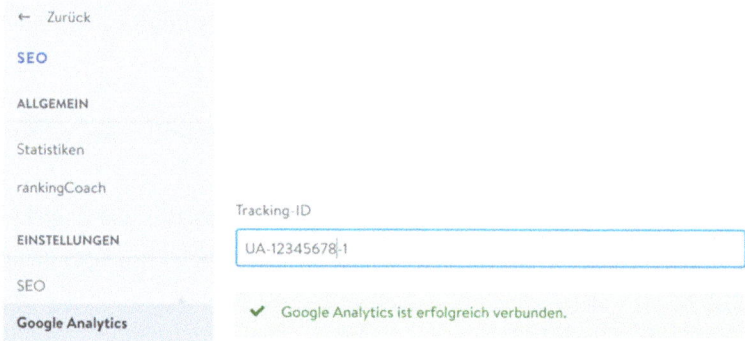

Alternativ können Sie im Head Bereich der Jimdo Webseite den Google Analytics Tracking Code einfügen.

```
<script async src="https://www.googletagmanager.com/gtag/js?id=UA-...
<script>
  window.dataLayer = window.dataLayer || [];
  function gtag(){dataLayer.push(arguments);}
  gtag('js', new Date());

  gtag('config', 'UA-68871851-1');
</script>
```

Sobald die Verbindung steht, können Sie die Daten in Analytics anschauen. Speziell interessant: welche Seiten werden aufgerufen, welche Keywords, Veränderung bei Kampagnen usw. Bei Verwendung von Analysetools müssen Sie die Besucher darauf hinweisen. Verwenden Sie dazu den vorgegebenen Text, z. B. von Google Analytics. In Jimdo kann der Hinweis darauf aktiviert werden:

Menü > Einstellungen > Datenschutz und Sicherheit > Datenschutz

Auswählen: «Hinweis zu Cookies anzeigen» und bei Analytics ebenfalls.

Google Search Console

Dieses Tool ergänzt Analytics und liefert Ihnen auch wertvolle Informationen zu technischen Fragen Ihrer Webseite. So haben Sie einen guten Überblick Suchanfragen, Google-Index, Links, Sicherheitsprobleme usw.

Mit dem gleichen Login wie bei Analytics können Sie sich bei Search Console anmelden. Dann neue Property erstellen: domainname.xx. Unter „Alternative Methoden" den HTML-Tag kopieren und bei Jimdo unter „Einstellungen – Head bearbeiten" einfügen.

Danach bei Google Search Console „Bestätigen".

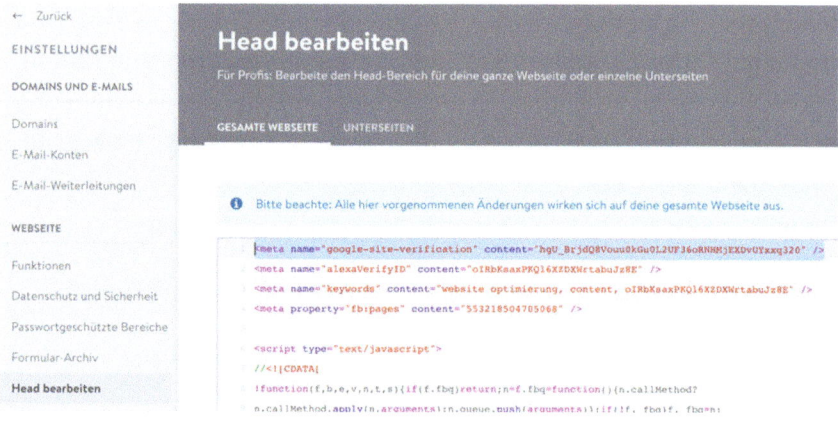

Die Verbindung wird in Search Console bestätigt.

Links und Backlinks

Ebenso zur Optimierung gehört die laufende Aktualisierung der Links und Backlinks. Diese Verlinkungen von und zu Ihrer Seite sind ein wichtiger Bestandteil Ihrer Internetpräsenz.

Befassen Sie sich damit, was Ihre Besucher interessiert und als eine Ergänzung zu Ihrem Thema passt. Diese Links sind Teil der Bewertung Ihrer Webseite durch Google.

Webseite bei Google indexiert

Bis eine Webseite bei Google indexiert wird, kann es einige Wochen dauern. Auch danach ist eine Kontrolle immer wieder gut. Entsprechen die angezeigten Seiten in etwa Ihrer Annahme ist alles ok. Weicht die Zahl deutlich ab, konsultieren Sie Search Control, um den Fehler zu finden.

Aktualität

Dies ist ein enorm wichtiger Punkt. Wie lange sind Neuigkeiten neu? Ist der Event, welcher in der Vergangenheit liegt, gelöscht oder immer noch als: «unser nächster Anlass» bezeichnet?

Löschen von Inhalten: gerne wird alles gespeichert, obwohl schon lange nicht mehr aktuell. Wenn trotzdem noch darauf zugegriffen werden soll, dann kann der Artikel z.B. in ein Archiv verschoben werden.

Conversion – oder was macht der Besucher auf Ihrer Webseite?

Vielfach finden wir auf Webseiten spannende Angebote, doch selten eine konkrete Handlungsaufforderung. Es mag ungewohnt sein, explizit dem Besucher zu sagen, er solle anrufen, sich per E-Mail melden, die E-Mail-Adresse für den Newsletter angeben oder das Kontaktformular ausfüllen. Mit den vorgängig genannten Google Tools können Sie erkennen, wann Besucher Ihre Webseite verlassen haben und so dort optimieren.

Wiederholung und Ausdauer

Wie oft muss ein Kontakt erfolgen bis die Person Ihnen vertraut? Durchschnittlich geht die Branche von 7 oder mehr Kontakten aus. Hauptproblem dabei ist der Betreiber der Webseite, zu früh wird auf etwas Anderes gewechselt. Prüfen Sie die Aufrufe der einzelnen Seiten. Passen Sie Ihre Aussagen betreffend Angebot und Nutzen noch besser der Zielgruppe an. Manchmal dauert es länger bis sich der Erfolg einstellt. Dafür ist er danach auf für die Zielgruppe echten Werten aufgebaut.

Zum Schluss

Ich wünsche Ihnen viel Erfolg bei Ihrem Webseitenprojekt. Laufend kommen neue Informationen, Tools und Richtlinien heraus. Diese hier in diesem Dokument nachzuführen, ist leider nicht möglich. Besuchen Sie daher meine Webseite. Dort finden Sie den aktuellen Link zu ergänzenden Inhalten zu diesem Buch. Ich freue mich auf Ihren virtuellen Besuch!

www.monicawidmer.ch

Monica D. Widmer

Anhang 1: Fragen

Generelle Fragen zum Projekt:

- Auftraggeber
- Projektleitung
- Projektteam
- Externe/interne Projektmitglieder
- Budget
- Terminplan
- Thema der Webseite
- Zweck der Webseite
- Ziel der Webseite
- Messgrössen des Erfolges (KPI)

Webseiten Recherche:

- Konkurrenz: Was bietet sie?
- Ähnliche Webseiten mit dem gleichen Thema
- Webseiten mit ansprechendem Design
- Webseiten anderer Branchen mit interessantem Inhalt

Fragen zu den Webseiten-Besuchern:

- Welche Versprechen machen Sie den Besuchern?
- Welche Personen sprechen Sie an?
- Beschreibung Zielgruppe (besteht aus mehreren Personen genannt Persona)
- Wer sind die Besucher/Besucherinnen der Webseite?
- Was ist das Interesse des Besuchers/der Besucherin?
- Was sind die Probleme/Wünsche/Hoffnungen der Besucher?

- Besucher-Ansprache (Sie, du, locker, formell)
- Vernetzung Inhalt von Social Media-Plattformen und Zielgruppe
- Business-Plattformen und Verlinkung

Inhalt/Content der Webseite:
- Welche Informationen finden Sie wichtig und wollen Sie zeigen?
- Inhalt für bestehende Kunden (Angebot, Nutzen)
- Inhalt für neue Besucher (Angebot, Nutzen)
- Inhalt für wiederkehrende Besucher (Angebot, Nutzen):
- Ideen zum Ausbau der Funktionalität
- Welche Inhalte möchten Sie publizieren (externe Quellen)?
- Auf welche Seiten wollen Sie verlinken?
- Von welchen Seiten möchten Sie Backlinks erhalten?
- Inhaltsverzeichnis zu Informationen
- Dateiverzeichnis für weitere Sprachen
- Dateiverzeichnis für Bilder und Medien
- Weitere Inhalte für die Webseite

Organisation/Prozess Unterhalt:
- Wer ist für den Inhalt verantwortlich
- Wer ist für die Optimierung (technisch) verantwortlich
- Wer hat die Kompetenz bei einem Not-, Krisenfall
- Wann werden Updates durchgeführt
- E-Mail-Adresse für Anfragen
- Technische Probleme, wer wird kontaktiert
- Sicherheitskopie der Webseite (Backup)
- Verantwortliche Person für den Datenschutz

Anhang 2: Tools

Weitere Links finden sich auf: www.monicawidmer.ch

https://testmysite.withgoogle.com
Ladegeschwindigkeit der Webseite

https://builtwith.com
Es liefert auch Zahlen über die Anzahl realisierter Webseiten, Regionen usw.

http://www.wpthemedetector.com/
Kann bei Wordpress Webseiten Info zum verwendeten Template und zu Zusatzmodulen liefern.

Jede Webseite braucht Bilder. Professionelle Bilder können entweder gekauft werden oder kostenlos genutzt werden, z. B. von:

https://stock.adobe.com/de
Adobe hat top professionelle Fotos, Videos und Illustrationen.

https://pixabay.com/
Hier gibt es viele kostenlose Fotos, Videos und Illustrationen. Natürlich existieren noch viele weitere Anbieter dieser Art.

https://www.gimp.org/
Kostenloses Tool für die Bildbearbeitung für Windows und Mac

Diese Links und deren Seiteninhalte können sich verändern. Die Autorin sowie der Herausgeber übernehmen keinerlei Haftung.

Anhang 3: Checklisten

Die ersten Schritte bei einer neuen Webseite sind:

- Gute Vorbereitung durch Planung der gewünschten Funktionalität
- Inhalte aufbereiten, Fokus auf das Wesentliche, AGB usw.
- Menü-Struktur definieren (basierend auf den einzelnen Seiten)
- Definieren der Keywords aus eigener Erfahrung
- Wahl der Technologie/Einarbeiten und kennen lernen
- Umsetzen
- Testen
- Live-Aufschaltung

Datenschutz

> Bitte bei der Verwendung von fremden Inhalten, Bildern, Grafiken, Videos usw. die Lizenzbestimmungen und die legale Verwendung **VORHER** prüfen.
>
> Datenschutzbestimmungen des Landes immer wieder auf Neuerungen checken.
>
> Wird man abgemahnt, das heisst, darauf aufmerksam gemacht, dass man fremden Inhalt verwendet, diesen umgehend entfernen. Trotzdem kann dem Betreiber der Webseite eine Strafzahlung drohen.

Anhang 4: Domainname

Domainname (URL)

Der Domain Name kann als die digitale Identität angeschaut werden. Denn die Webseite ist die Basis aller Kommunikation und Inhalte können so gestaltet werden wie Sie es als Unternehmen wollen. Entspricht der Domainname nicht dem Firmennamen, so schwächen Sie Ihr Markenprofil. Sind Sie ein Start-up-Unternehmen und in der Namenswahl noch frei, so spricht vieles dafür, verfügbare Namen zu checken und auch auf Facebook, Twitter, YouTube usw. die Verfügbarkeit zu prüfen und gegebenenfalls zu reservieren. Auch wenn Sie noch nicht auf den diversen Social Media-Plattformen aktiv sein wollen, den Namen für sich zu beanspruchen macht Sinn.

Ein Domainname sollte:

- Firmennamen oder Dienstleistung enthalten
- Einfach zu merken sein (keine Fantasie-Abkürzungen)
- Möglichst kurz sein, aber gut merkbar
- Bei internationaler Ausrichtung die Bedeutung in anderen Sprachen checken
- Neue Domain-Endungen prüfen, ob es Sinn macht, diese zu nutzen, z. B. .expert/.courses/.city usw.
- Schreibvarianten ebenfalls registrieren

Anhang 5: CMS und HOSTER

CMS inklusive Hosting

Anbieter wie jimdo.com, die ich in diesem Buch als Beispiel verwendet habe, bieten Ihnen das Gesamtpaket an. Sie müssen sich nicht um technische Details kümmern. Prüfen Sie jedoch den Umfang der Funktionalität. Hoster bieten oftmals «Sitebuilder Tools» an. Eine Liste zu erstellen ist aufgrund der Vielfalt nicht möglich.

Hoster

Entscheidet man sich für ein CMS System wie Wordpress, Drupal, Typo3, so braucht es dazu auch einen Hoster, das heisst, die Webseite ist auf dem Server einer Firma installiert, die spezialisiert ist, diese zu betreiben. Vergleichen Sie die Angebote. Nicht nur der Preis, auch die Dienstleistung ist entscheidend.

Suche im Internet mit den Begriffen: Hoster, Webhosting

Registrars

Benötigen Sie einen Domainnamen, finden Sie hier Anbieter und weitere Information zum Thema:

https://www.nic.ch/de/registrars/
https://www.icann.org
https://www.denic.de/
https://www.icann.org/
https://eurid.eu/

Anhang 6: Agentur und Lösungsanbieter

Statt Links möchte ich hier Folgendes nennen: Agenturen erstellen eine explizit für Sie designte Website her. Individuell, präzise auf Ihre Anforderungen und Wünsche angepasst. Dies hat seinen Preis, denn dahinter steckt sehr viel Arbeit.

Die zur Webseiten-Erstellung gestellten Fragen werden noch mit weiteren Fragen zu Ihrem Angebot erweitert. Aus diesen erstellen Sie dann das Briefing für die Agentur.

Das Briefing bildet die Grundlage für Präsentationen und Angebote von Agenturen.

Wenn Sie jemanden brauchen, der Ihnen Ihre Webseite erstellt, gibt es kleinere Lösungsanbieter. Diese können für Ihre Bedürfnisse eine genauso gute Umsetzung anbieten. Wichtig auch hier, es muss gegenseitig passen. Wie auch beim Agentur-Briefing, muss ein Entwickler oder Programmierer wissen, was Sie wollen und welches Budget Sie haben.

Vergessen Sie bitte nicht: Auch wenn jemand für Sie die Webseite erstellt, Sie sind involviert in der Zusammenstellung des Inhaltes. Ihre Erfahrung muss in die Lösung einfliessen und wird dort optimal für die digitale Präsenz aufbereitet.

Anhang 7: Checkliste Webseite

Vorhandenes Material zusammenstellen

- Texte: Titel, Worte im Text, Keywörter, Aktualität
- Logos: Auflösung und Qualität der Grösse anpassen
- Rechte: Urheberrecht beachten
- Grafiken: Pixel- oder Vectorgrafiken oder Bilder?
- Welche Farben sprechen an?

Vorbereitung

Formulieren der Idee und des Zieles.

Klare Vorstellung über das Ziel des Internet Auftritts

Diese Vorstellungen aufschreiben, Ideen austauschen und festhalten.

Anmerkung

Eventuell weitere Ideen für einen späteren Zeitpunkt aufnehmen und mit einer klar definierten Funktionalität starten. Muss-Inhalt für die erste Version der Webseite klar festlegen. Es ist meistens so, dass in einem Zeitraum bis in 2 Jahren weitere Funktionen eingebaut werden sollen. Es bewährt sich jedoch, einen konsequenten Zeitplan aufzustellen und vielleicht am Anfang auf etwas verzichten. Dafür wird die Webseite auch termingerecht aufgeschaltet. Jede Änderung, und ist sie noch so klein, bringt Verzögerungen mit sich.

- Zielgruppe (dies ist der allerwichtigste Punkt in der ganzen Webseiten-Erstellung!)
- Tonalität
- Sprachen
- Farben, Textart usw.

AUFZEICHNEN DES INHALTS

- Geschichte
- Text
- Bilder/Grafiken und Benennung dieser mit Text
- Fotos
- Inhalt Aktualität, Autoren, Termine der Veröffentlichung
- News, Events
- E-Mail-Adressen – an wen gehen die Reaktionen der Besucher?
- Links

Verlinken mit Social Media (Facebook, Twitter usw.)

Strategie für E-Mail, Newsletter usw.

PLANEN

Recherchieren über die Gewohnheiten der Zielgruppe.

Wonach sucht sie, wie sucht sie (Begriffe)?

Keywords (Suchbegriffe), (Google Analytics), Produkte in E-Bay, Amazon und Ricardo & Co., Google.

URL-Wahl und Check auf den diversen Plattformen und Ländern.

AUFGABEN PRIOSIEREN

Definieren der Aufgaben (Projektplan):
- Texter
- Grafiker
- Programmierer
- Tester
- Unterhalt nach Veröffentlichung
- Ansprechpersonen bei Fragen, Reaktionen der Community

Notfallplan erarbeiten (Site down, gehackt usw.).

ERSTELLEN

Namenswahl und Reservierung bei einer Registrierungsstelle.

Bei Hoster mit CMS und/oder CMS integriert in ein Hosting.

TESTEN DER INHALTE

- Verständlichkeit
- Schreibfehler
- Positionierung
- Menü und Übersichtlichkeit
- Links
- Impressum
- E-Mail-Adressen

VERÖFFENTLICHEN

- Eventuell einer kleinen Gruppe zeigen, Meinungen einholen und gegebenenfalls Anpassungen einleiten
- Analysetools einsetzen
- Such-Optimierung (SEO) im Auge behalten, Texte anpassen
- Such-Optimierung auf Verkaufsplattformen
- Checken der aufgeschalteten Seiten, Links
- Verlinkung mit Social Media

UNTERHALT

- Kundenfeedback ernst nehmen und umsetzen
- Termine für den Unterhalt, neue Inhalte, neue Funktionen, Überprüfen der Seiten einhalten
- Aktualität der öffentlichen Inhalte überprüfen
- Datensicherungen (Backup), Sichern der Kunden-E-Mails usw.
- Notfallplan aktuell halten (Site down, gehackt, negatives Feedback, usw.)

Verantwortliche Person für den Datenschutz bestimmen.

Notizen

Notizen

Notizen